EUROPA NACIÓ CRISTIANA

EVOCACIONES HISTÓRICAS EN EL INICIO DEL PONTIFICADO DE LEÓN XIV

J. Mª. MARTÍ BONET

EUROPA NACIÓ CRISTIANA

Evocaciones históricas en el inicio del pontificado de León XIV

Barcelona - julio 2025

Europa nació cristiana
ISBN Libro en papel: 978-84-685-9018-9
ISBN eBook en PDF: 978-84-685-9019-6
Impreso en España
Editado por Bubok Publishing S.L

ÍNDICE

PREÁMBULO

"Habemus papam"

"Habemus papam" se pudo escuchar por toda la plaza de San Pedro de Roma (8-V-2025). Y a continuación estalló una gran aclamación de alegría entre todos los que estaban allí presentes y en todo el planeta tierra. Éramos muchos, muchísimos, quienes seguíamos el evento. Y un rostro sacro apareció. Era el nuevo Papa, y las primeras palabras pronunciadas fueron: "Que la paz esté con vosotros". La gente aplaudía.

Posiblemente muchos hasta ese momento no le conocían, pero le aplaudían entusiásticamente. Era una reacción sincera, clara, diáfana: ¡ya lo amábamos! ¡Es nuestro Papa! Es verdad: Inspiraba una gran emoción; yo confieso que me emocioné! ¡Me sentía orgulloso de ser católico y cristiano! ¡Sí! El mensaje era claro: "La paz" en nuestro mundo, en nuestra sociedad, en nuestra Iglesia y en el interior de cada uno de nosotros. No se podía empezar mejor el pontificado, un pontificado que pretende seguir los pasos del anterior Papa, que quiere dar un impulso definitivo a los caminos iniciados por el papa Francisco, al que el nuevo Papa dio las gracias.

Es un pontificado —el del papa León XIV— que quiere intensificar los caminos de la justicia social; de ahí el recuerdo del papa León XIII y de su famosa encíclica "Rerum novarum", y la clara evocación de algunos de los papas anteriores también llamados León, como por ejemplo el papa León III, que coronó a Carlomagno emperador del imperio romano francogermánico la Nochebuena del año 800, que sería la semilla de una Europa cristiana respetuosa con los demás reinos de Europa Occidental. Por eso nos encontramos en la circunstancia de que el nuevo Papa, siendo americano y peruano, no deja en modo alguno de ser un Papa romano, que es lo mismo que decir que es europeo, continuador de la Europa Occidental iniciada por la alianza entre los francos y el papado en la mencionada Nochebuena del año 800.

El Papa actual nos evoca también a León X (de la familia de los Médici), que se opuso frontalmente a Lutero; el Papa que continuó la construcción de la gran Iglesia de San Pedro del Vaticano pidiendo a toda la cristiandad ayuda económica a cambio de poder obtener las indulgencias proclamadas en una predicación específica que concedió a los dominicos, pero no la dio a los frailes agustinos entre los cuales destacaba Lutero. De ahí la oposición inicial del agustino Lutero a dichas indulgencias. Un Papa, León X, que no estuvo en gran parte a la altura de su misión papal. Todo indica —o así lo esperamos— que así como la desunión se inició con un papa León (X), otro papa León (XIV) nos llevará, con la gracia del buen Dios, a un reencuentro entre católicos y protestantes; por lo menos en sus inicios.

El papa actual León XIV es un agustino, es decir, religioso agustino, que nos recuerda la gran figura de san Agustín, obispo de Hipona y figura primordial para entender el nacimiento de Europa cristiana. Precisamente, en este libro que hemos confeccionado en las primeras semanas del pontificado de nuestro papa León XIV, tratamos de demostrar que san Agustín fue con san Benito el fundamento de lo que llamamos Europa cristiana. Por este motivo pretendemos presentar la gran figura de san Agustín, así como la de san León Magno, la de Orosio y Carlomagno, todos ellos dignísimos representantes entre los primeros que construyeron una Europa cristiana, la cual influye —opinamos— y tiene mucho que ver con la realidad viviente actual de la "Europa unida". Precisamente, por la conmemoración de "le due milleni di cultura cristiana", se celebró en Roma, el 13 de mayo de 1993, el Foro Europeo, donde fui invitado a hacer una conferencia bajo el título "Europa nace cristiana". Otros ponentes que también asistieron fueron: el patriarca de Moscú Alexis, el presidente de la Unión Soviética Gorbachov y el ex secretario del Estado del Vaticano el cardenal Cassaroli. Recordemos que dos años después de este evento —en 1995—, como fruto de estos Foros Europeos, se firmaba el llamado Tratado de Maastricht, que supondría ya la creación de la Unión Europea actual gracias al acuerdo en ese año en Schengen. Así se pasaba del "mercado común" a la "Unión Europea".

Gracias y como consecuencia de estos foros, acuerdos y tratados, tenemos hoy (2025) la "Unión Europea", en la que tiene mucho que decir el cristianismo y la propia figura del papado. Por ello, con el presente libro —que ofrece una traducción al catalán y al castellano de la citada conferencia pronunciada por mí en este Foro Europeo— queremos recordar estos acontecimientos, en este mes de mayo de la elección de nuestro papa León XIV. Él nos hace recordar cuatro de las columnas más importantes para el nacimiento de Europa: san Agustín, san León I el Grade, el filósofo de la historia de Europa Orosio y, por supuesto, Carlomagno, emperador de esa Europa cristiana tan relacionada con el papado. Así, podemos decir que nuestro papa León XIV es un papa americano-peruano, pero también romano-europeo, sucesor de los papas León I el Grande, León III que coronó Carlomagno, León X de los inicios del protestantismo y del Papa de la justicia social y la encíclica "Rerum novarum" León XIII. Ser obispo de Roma es la característica fundamental del papado.

Os invitamos a hacer con nosotros ese itinerario histórico, pidiendo al buen Dios que conceda muchos aciertos al gran protagonista de estos nuevos y estimulantes caminos que el Papa, en nombre del buen Dios, intentará iniciar.

"Que la paz de la Pascua esté con él y con todos nosotros"

J. Mª. Martí Bonet

Retrato más antiguo de san Agustín, en un fresco del siglo VI. Laterano, Roma

II

CONCEPTOS: EUROPA, "UNIVERSALITAS" RESPUBLICA CHRISTIANA

El concepto de Europa

En estos días de mayo de 2025 se ha producido una gran noticia, la elección de un nuevo Papa, León XIV, y me han venido a la memoria unos temas cuyo estudio siempre han desvelado en mí un gran interés: el origen de la Europa cristiana, la de los Santos Padres y los escritores eclesiásticos que han fomentado con sus estudios y actuaciones el nacimiento de una realidad incluso moderna, como puede ser la Europa que era y que deseamos sea cristiana. Es posible que estas reflexiones o temas nos dibujen un futuro contexto que será el de nuestro querido papa León XIV; al ser Papa, él es el obispo de Roma, y por tanto, ultra ser el pontífice de toda la cristiandad católica, también es el pastor de la diócesis que es Roma, a la vez que el patriarca de Occidente y especialmente de Europa.

En 1995 se constituyó la nueva Europa (la "Unión Europea"). Europa es un concepto de gran actualidad. La "Unión Europea", que sustituye a la denominación del "Mercado Común Europeo"[1]. Se tiende —y a buenas horas— a que la comunidad europea sea algo más que un mercado. Todos estos hechos, expresiones, conceptos, ilusiones, realidades,

---

1 El 1 de noviembre, con el Tratado de Maastricht, se hizo efectiva la creación de la Unión Europea con un sistema de tratados incluidos, y así en 1995 entró en vigor el acuerdo de Schengen. El Tratado de Maastricht fue firmado (propiamente) el 7 de febrero de 1992, pero no se puso en práctica hasta el 1 de noviembre de 1993. Este tratado supuso una nueva etapa en el proceso de creación de una unión cada vez más estrecha entre los pueblos de Europa

discusiones, debates, aciertos y desaciertos... suponen una reflexión histórica previa de cómo nació el concepto de Europa; o, en otras palabras, cómo nació Europa.

La "Respublica christiana" y otros conceptos similares

Europa es un complejo geográfico con unos límites territoriales por todos conocidos. Pero también es un complejo histórico con una configuración humana formado por un tejido de tradiciones, de memorias, de arte, de religiosidad, de pensamiento, de cultura... El concepto, pues, de estas dos Europas —espiritual una y física la otra— si bien lo encontramos ya iniciado en el helenismo, se va desarrollando lentamente en el tiempo, y no cristaliza hasta la época del imperio carolingio gracias a la Iglesia, especialmente la latina.

El soporte geográfico y social del Imperio romano era el *Mare Nostrum*, que incluía no sólo Europa sino también las zonas del norte de África y Oriente próximo. Tampoco el reino de Alejandro Magno se circunscribía en la Europa geográfica actual. Solamente en el siglo IX se tiene un claro concepto de una nueva realidad. En este período (de Carlomagno) se emplean ya los términos *christianitas, universitas ecclesiae* o *republica christiana*. Y es precisamente la Iglesia la entidad que representa, en la gran variedad de la gente que ocupa la Europa geográfica, la única realidad, unitaria y universal en la doctrina y la lengua que utiliza y enseña a los creyentes. La Iglesia en aquella época era el único medio de cooperación intelectual y de transmisión de la cultura greco-romana aun en los nuevos pueblos del continente.

La *universitas ecclesiae* —que es la base del pensamiento político medieval— absorbe en sí toda nueva y posible concepción de Europa gracias a la difusión del cristianismo entre los bárbaros. Tanto es así, que bien puede decirse que la unidad europea medieval es creación de la Iglesia cristiana. Ésta envía hasta los rincones más extremos del viejo continente a sus misioneros y monjes para dar a conocer entre todas las gentes nórdicas, germánicas o eslavas, el mensaje del Evangelio. También prepara su fusión mediante los elementos espirituales: la comunión que emerge de la fe en Cristo, la concepción de lo divino y de lo humano, de la culpa y del perdón, del pecado y de la expiación, del deber y del derecho, del papado y del imperio cristiano... Es una nueva unidad europea lograda gracias a una progresiva fraternidad de los cristianos que participan en la *res publica christiana* sometida a Cristo, vértice único de la nueva sociedad.

Sin embargo, no hay que precipitar las conclusiones del estudio de esta importante evolución. Sobre ella tenemos los hombres de hoy, posiblemente, un prejuicio que puede apartarnos de la objetividad del hecho de la creación de Europa.

El profesor Federic Chabod, en su estudio sobre *L'idea di nazione* (Bari, 1961, página 141) nos advierte que seamos cautelosos ante una gran trampa. Afirma: «Uno de los peligros más graves en los que puede caer el historiador es el de emplear términos modernos; más aún conceptos de hoy, para designar el pensamiento, los sentimientos y las doctrinas de la época pasada, transfiriendo de forma inconsciente a veces el significado hodierno de estos términos a aquellos de época pasada, cuando por el contrario, o el contenido de la palabra era diverso o venía expresado con otras palabras que han caído en desuso porque la evolución del concepto requería otra expresión». ¿Cómo podemos aplicar a hechos de los siglos X y XI, por ejemplo, el concepto de «nación» o de «identidad nacional» cuando estas palabras surgen y triunfan —según expresión del profesor Chabod— en el gran movimiento de cultura europea del siglo XIX que tiene por nombre el Romanticismo? Lo mismo debería decirse de los conceptos de «patria», «conciencia de nación» y, posiblemente, «Europa». Sin embargo, es necesario hacer esta reflexión: Los historiadores somos apremiados a definir aquellas efemérides y los hechos y relatos evocados. Por parte de los estudiosos de la historia, habrá que exponer el verdadero contexto histórico con honradez, y no con apriorismos. Habrá que valorar los hechos históricos puros y sus evoluciones sin utilizar la manipulación partidista. Éste es el gran reto que debemos afrontar los historiadores en el momento de proyectar hacia el futuro y también hacia el presente el significado de acontecimientos del pasado. ¡Y debemos hacerlo! Pero con honradez, como ya se ha dicho. Hoy es necesario y urgente que desde la propia Iglesia se tenga un concepto claro de lo que fue y deseamos que sea Europa. Para el hombre del presente, Europa ya no es una simple denominación geográfica ni mucho menos una quimera; es una realidad patente y esperanzadora del día a día moderno de 2025; es un proyecto que podemos poner en práctica. Estamos construyendo todos, y la Iglesia también debe participar, una casa común en la que deseamos que todo el mundo se encuentre a plena satisfacción. Así lo siente y dice nuestro papa León XIV.

Sin embargo, es muy oportuno anclarse en las raíces de Europa, en su concepción y su alumbramiento para edificar esta "nueva casa" que es Europa.

Unitdad y universalidad

Fueron —como veremos a continuación— los herederos de la romanidad, los santos Padres de la iglesia latina (Ambrosio, Agustín, Benito...), quienes dieron esperanza a los hombres de su tiempo espantados ante las invasiones de los bárbaros; y lo que es más importante, conservaron los conceptos fundamentales de la civilización romana y generosamente mostraron la conjunción de estos dos conceptos. Todo ello cae ya en el conservado paradigma de la civilización romana, y sería la misma Iglesia, a través de los Padres latinos (Ambrosio, Agustín, Benito...), quien aseguró, en aquella época tan dramática de las invasiones, la pervivencia de la unidad y universalidad, pilares de la civilización. Los godos invasores se fusionaron con los nativos romanos formando una unidad en la fe, y al mismo tiempo Roma fue de nuevo la manifestación y referencia a la universalidad, patentes en aquellas circunstancias en la tarea misionera iniciada después de la fusión de los pueblos romanogodos. Estudiaremos a continuación el pensamiento de tres grandes personajes esenciales en dicho proceso: san Agustín, León I papa y Orosio.

III

SAN AGUSTÍN, EL GRAN PENSADOR

¿Quién era san Agustín?

Cabe remarcar que nuestro papa actual León XIV es —o era— religioso agustino. Esto significa que su pontificado tendría al menos un antecedente de pensamiento agustiniano. Por eso no sólo es interesante estudiar el pensamiento (filosófico y teológico) de san Agustín de por sí, sino prever lo que pueda influir en su pontificado, que es mucho, ya que como veremos, san Agustín es el pensador fundamental de la Iglesia latina en la edad antigua y medieval de la Iglesia cristiana.

Agustín pertenece al círculo espiritual de Ambrosio, el gran obispo de Milán. Precisamente éste fue el gran apóstol de la conversión de quien sería obispo de Hipona: san Agustín. Así como la vida y obra de Ambrosio son más rectilíneas, homogéneas y están arraigadas en el terreno de la acción, el destino y la evolución de Agustín presentan violentos contrastes de luz y sombra; por otra parte, los años de su vida comprenden por una parte los días de las victorias del poder imperial romano, y por otra el comienzo del derrumbe del imperio de Roma. En mitad de los escombros del viejo imperio dominador del mundo, Agustín entregó a Dios aquel espíritu que con tanta clarividencia había penetrado en el significado profundo de los acontecimientos históricos.

San Agustín tiene el derecho de ocupar un lugar preeminente junto a las figuras protagonistas de la vida cultural de finales del siglo IV y principios del V, con san Ambrosio, Paulino, Sulpicio Severo y Prudencio. Aunque mejor que ninguno de sus contemporáneos, Agustín nos ofrece una penetrante visión de la vida espiritual de aquellos intelectuales de finales del siglo IV que, influidos de manera puramente superficial por el cristianismo, estaban interiormente impregnados por la educación pagana de deseos e impulsos terrenales, y vacilaban de un lado a otro hasta que un profundo anhelo de la verdad los llevó a pisar terreno firme: ese mismo terreno en el que Agustín se adentró definitivamente con rara energía y ánimo decidido, y que no abandonó jamás.

Conversión de san Agustín. La gracia y los valores romanos

Agustín nació el 13 de noviembre de 354 en la pequeña ciudad de Tagaste de Numidia. Era hijo de un decurión (similar a lo que hoy sería un concejal o un consejero de la ciudad), el pagano Patricio, y de una noble cristiana llamada Mónica. Podemos asegurar que de haber perseverado la dirección que Agustín siguió durante su juventud, difícilmente hubiera conservado la historia su memoria. Posiblemente hubiera sido un maestro de elocuencia que se hubiera ganado la vida dando lecciones —y nada más— en Roma o en Cartago.

Providencialmente, la ida a Milán hizo que Agustín frecuentara los actos religiosos dirigidos a los catecúmenos que el obispo Ambrosio siempre animaba con grandes sermones llenos de espiritualidad. En muchos de ellos, el obispo Ambrosio explicaba pasajes del Antiguo Testamento. Esto hizo que Agustín —adepto a los maniqueos— se deshiciese de los prejuicios que tenía. Estos sermones y una lectura atenta de Cicerón (concretamente, su obra *Hortensi*) cambiaron el rumbo de su vida: antes era pesimista ante el origen del mal, ahora buscaba una solución positiva a los enigmas de la vida en la filosofía neoplatónica. El mal no podía ser, en consecuencia, algo sustantivo, ya que sólo Dios es el ser perfecto y absolutamente bueno, según leyó en las traducciones que Victorino hizo de los neoplatónicos. El mal moral sólo podía fundamentarse en la voluntad corrompida de la criatura. Pero aún avanzó más: descubrió que existía una Verdad externa como fuente de conocimiento; por eso no experimentó la necesidad de una demostración especial de la existencia de Dios. En cuanto a su personal evolución religiosa, esta diáfana concepción de la verdad eterna, tuvo como consecuencia prepararle intelectualmente para aceptar la doctrina cristiana y someterse a la autoridad que la divina revelación le mostraba en la Sagrada Escritura.

Pero aún tenía que superar graves dificultades morales antes de dar el paso definitivo de su conversión; continuaba con el propósito de hacer carrera en la vida pública, y el inconveniente que para ello suponía el concubinado con una africana, lo eliminó separándose de ella, con la que había tenido un hijo: Adeodato. Después todavía pasó una época muy oscura, ya que leyendo a los epicúreos se convenció de que la más alta finalidad que se puede proponer al hombre es el placer. Pero era simplemente un falso convencimiento, había ido mucho más lejos ya, gracias a los neoplatónicos y a san Ambrosio. Leyó después a san Pablo y observó que la única esperanza por la moralización de su vida no era otra que el cumplimiento de una recta abnegación y huida de los placeres. Cuando supo de la rigurosa ascesis practicada por los monjes de Egipto, y que algunos funcionarios imperiales habían abandonado en Tréveris la vida del «siglo», la impresión que recibió fue tan fuerte que estalló en lágrimas un día que estaba en el jardín de su casa. Las palabras de san Pablo con las que sus ojos toparon fueron: «No caminemos más en orgías, ni borracheras, ni en concubinatos, ni impurezas, ni en envidias, sino revistámonos de Jesucristo» (Rom 13, 13-14). Lo consideró como una divina advertencia que quiso seguir. Luego vendría el receso en una casa de campo en Milán y el propósito de recibir el bautismo que san Ambrosio le administrará a él y a su hijo «aventajado Adeodato», así como a su leal amigo Alipio.

«...Fuimos bautizados —dice san Agustín— y se marchó de nosotros la preocupación por nuestra vida pasada. No me cansaba aquellos días de considerar —encontrando en ello una maravillosa dulzura— lo sublime de tus designios referentes a la salvación del género humano. Lloré mucho con tus himnos y cánticos, fuertemente conmovido por las voces de la Iglesia, que cantaba gratamente, aquellas voces que penetraban en mis oídos y se deshacía la verdad en mi corazón... y las lágrimas corrían, causando mi bienestar» (Confesiones 9, 6).

«Antes erraba, extraviado en mi soberbia, y me veía arrastrado por todos los vientos, pero tu mano (de Dios) me condujo al más apartado remanso». Éste es el pensamiento y fundamento de la obra en la que nos narra su conversión: *Las confesiones*. En sus páginas observamos, además del gran espíritu de san Agustín, cuánta nobleza intelectual y moral sobrevivía todavía en el seno del decadente mundo romano, ese mundo que demasiado a menudo es descrito como víctima de la degeneración y la corrupción.

San Agustín, obispo de Hipona

En 388 volvió a Tagaste, vendió lo poco que su padre le había dejado, y proyectó vivir con sus amigos convertidos también al cristianismo. Era un estilo entre la vida común de los filósofos cristianos y la de un monasterio. No había propiedad privada, todo era de todos y para todos, las ocupaciones se dividían entre la oración, los ejercicios piadosos y la actividad literaria. Agustín solía llevar a cabo así, a su manera, el ideal ascético del que se había sorprendido desde que se enteró de la vida que hacían los eremitas en Oriente.

Pero no le fue posible permanecer por mucho tiempo apartado del todo de los asuntos del mundo. Con ocasión de una visita a Hipona y ante la petición de los fieles, fue ordenado sacerdote en 395 y consagrado obispo auxiliar del anciano Valerio. Después de morir éste, a los pocos años, recayó en él el cuidado total de la diócesis. Y aunque siguió viviendo con su clero en comunidad monástica, sin poseer bienes individualmente, no por ello dejó de verse implicado en negocios del mundo hacia los que le empujaron en buena medida los violentos maniqueos y los donatistas, en una lucha que no tuvo carácter exclusivamente confesional, sino también social y político. Pero Agustín no se dejó llevar al terreno de estos temas meramente temporales e incluso violentos, sino todo lo contrario; desde la atalaya de su espíritu, defendió con singular fuerza literaria la verdad de la doctrina católica.

Cuando en 427, tres años antes de su muerte, Agustín revisa en las *Retractationes* a toda su actividad literaria, enumera 93 obras divididas en 232 libros, sin contar las cartas y sermones recogidos en sendos escritos. Desde África irradiaba su inverosímil actividad, convirtiéndose en una de las grandes figuras de la historia de la humanidad. No sólo expuso la doctrina cristiana, sino que la estructuró. En él todo es coherente y su influencia se percibe todavía hoy en los mejores pensadores cristianos. El Papa actual (a. 2025) León XIV es agustino. Tiene una doctrina diáfana, concretamente las ideas de san Agustín sobre Dios y las relaciones entre Dios y el mundo, sobre la Trinidad, la providencia, la libertad y la gracia... Todas ellas constituyen verdaderas líneas directrices del pensamiento teológico y han merecido siempre, por parte de los teólogos católicos, la consideración respetuosa que hacía falta en el pensamiento. Las enseñanzas de san Agustín serían los cimientos sobre los que se levantarían la escolástica, la mística en la Edad Media y la sociedad europea posterior. Su autoridad llegó a ser tan grande que de una carta escrita por él ocasionalmente a unas religiosas que habían tenido disensiones entre ellas, se extrajo en la Edad Media en Europa toda una regla monástica que sirvió como estatuto fundamental de la vida común entre los canónigos regulares denominados más tarde «de san Agustín» y de muchas otras órdenes religiosas, y como apoyo también del actual papa León XIV. Nuestro san Oleguer también es del ámbito de san Agustín.

El gran deseo de san Agustín es poseer una visión armónica del universo, le movió a leer desde su juventud *Hortensio* de Cicerón —conduciéndole posteriormente a formular una crítica cada vez más aguda del maniqueísmo y llevándole al final a acercarse a la cátedra de san Ambrosio—. Se manifestaría también en su deseo de penetrar intelectualmente las enseñanzas de la fe cristiana que acababa de abrazar con toda su alma. Y al componer en lengua latina sus escritos inspirados en esta ambición intelectual, colocó los cimientos de la ciencia teológica de la Iglesia europea latina y movió a los espíritus occidentales a considerar las grandes cuestiones que ocuparían siempre el primer plano de la problemática de toda la filosofía cristiana. Además, su experiencia íntima fue para él trascendental en un determinado punto, puesto que consideró siempre su propia conversión y la consecuente aceptación sincera de la doctrina cristiana —según puede deducirse de cada una de las páginas de las *Confesiones*— como el resultado de la acción de la gracia divina en su ánimo. Esto le dio pie a enfrentarse a las enseñanzas del bretón Pelagio, que puso en entredicho la doctrina del pecado original y la necesidad de la gracia. San Agustín y San Ambrosio son los dos mejores nexos de la mística de la Edad Media en Europa.

¿Cuál fue la causa de la caída del Imperio?

Pero la influencia agustiniana sobrepasa los círculos de filósofos y teólogos gracias a una obra, que siendo el más conocido de todos sus escritos, merece un estudio muy peculiar. *De civitate Dei* fue escrita en veintidós libros. Son catorce años de trabajo (413-426). El motivo que le impulsó a escribir esta obra fue la acusación de que la debilidad del imperio romano se debía al abandono de las viejas tradiciones del paganismo, que eran presentadas por sus defensores como el fundamento del "*imperium*". Una acusación semejante había sido formulada aún con más energía a raíz de la primera caída de Roma en poder de los bárbaros, cuando la ciudad fue tomada por Alarico, el 24 de agosto del 410. Este acontecimiento era considerado por todos inverosímil, ya que pocos años antes el emperador de Occidente Honorio —hijo de Teodosio el Grande— celebró en la propia Roma la gran victoria de su general Estilicón sobre las hordas de Alarico. No había un solo romano que pensara que aquel cortejo triunfal que recorría la urbe el día 1 de enero del año 404 sería el último de la historia del imperio romano de Occidente. El emperador, celoso de la fama de Estilicón, lo mandó ejecutar (año 408). Dos años antes, los bárbaros habían cruzado el Rin y se les cedieron prácticamente las Galias e Hispania. De Hispania pasaron a África. Pero todavía era algo lejano que los africanos fueran invadidos por los bárbaros; lo que se temía era que una vez conquistada Roma llegaran hasta África por Sicilia. Providencialmente para los africanos, Alarico murió y ese peligro se desvaneció de momento.

Estos acontecimientos representaron un auténtico trauma para muchos romanos. La fe en la providencia de Dios empezó a flaquear en muchos cristianos, para quienes el reino de Dios y el imperio romano estaban estrechamente unidos desde el momento en que los emperadores cristianos se presentaban como los grandes defensores de la Iglesia. Entre tanto, los paganos —muchos de ellos en las esferas aristocráticas e ilustradas— rumoreaban, señalando como causa de esas desgracias la persecución del paganismo iniciada por los emperadores cristianos. Fue, pues, en estas dolorosas circunstancias, cuando Agustín escribió el *De civitate Dei* respondiendo a aquellas acusaciones y manifestando la profundidad de su fe en Dios providente.

Marcelino, tribuno y notario de Cartago, fue quien impulsó a Agustín a escribir esta retahíla de libros, y a él dedicó tan importante obra. Ésta, a pesar del número de libros que contiene y de los años que llevaría su producción, así como también las muchísimas reflexiones sobre otros temas, está impregnada de una única concepción cuya grandeza general es todavía hoy de gran actualidad: es un sumario de problemas que se van presentando.

El título no era original. Ya el donatista Tyconio había utilizado este epígrafe para encabezar una obra que tenía por objeto exponer la ciudad de Dios y la del diablo.

Estructuración de la obra *De civitate Dei*

La ciudad de Dios es, en el pensamiento agustiniano, la comunidad de los cristianos piadosos y creyentes esparcidos por todos los países y regiones del mundo, pero no sólo de los cristianos vivos, sino también de los difuntos. Esto hace posible que esta singular ciudad supere los límites de la tierra para comprender igualmente el más allá, abrazando al otro mundo a todos aquellos que, después de haber vivido rectamente, sirven a Dios en el Cielo en compañía de los ángeles, en espera de la resurrección de sus cuerpos. Así pues, podríamos denominarla mejor "reino de Dios", lo mismo que pedimos que venga a nosotros, cuando rezamos el Padrenuestro.

La primera parte de la obra comprende los diez primeros libros, de carácter esencialmente polémico. En los cinco primeros rechaza la tesis de que el politeísmo fue necesario para la felicidad del mundo y que las calamidades de principios del siglo V fueron debidas a la prohibición del culto pagano. En los libros 6-10 se afirma que desgraciadamente estas calamidades siempre han estado presentes y estarán en toda la historia de los hombres. Sin embargo, Agustín se opone a quien cree que los sacrificios paganos apaciguan estas calamidades. Aquellos sacrificios y el culto pagano eran totalmente inútiles.

La segunda parte de la obra tiene un carácter más positivo que la primera. Tiene doce libros que van del 11 al 14, y tratan del origen de ambas ciudades, la de Dios y la del Mundo. Ésta última se enfrenta a la primera y constituye su propia negación. En los siguientes cuatro libros (15-18) el autor se ocupa del camino y desarrollo de las dos ciudades; y los últimos libros (19-22) explican el desenlace al que están llamadas ambas ciudades. En rigor, la obra debería denominarse "De las dos ciudades", pero lleva el nombre de la más excelsa, la única que debería existir, la de Dios.

La Ciudad del Mundo, o ciudad terrenal, es la comunidad de quienes viven olvidados de Dios. Fundada por la orgullosa rebelión de los ángeles caídos, el pecado original la trasplantó a la tierra, donde sus signos distintivos son la soberbia y el espíritu mundano. La meta final de esta ciudad son los tormentos eternos e infernales; en cambio, la de la Ciudad de Dios es la felicidad bienaventurada de la contemplación divina. Así como el Reino de Dios no se identifica pura y simplemente con la Iglesia —ya que en ella hay también hombres mundanos—, tampoco la Ciudad del Mundo se identifica con el Estado, pues esta institución nace de la natural ordenación humana, lo que no es malo en sí. Pero es cierto —afirma san Agustín— que el estado tal y como, de hecho, existe se encuentra pervertido por el pecado y transforma, a menudo, el poder del gobernado —legítimo en tanto que constituye una recta asistencia— en señorío de la fuerza; la justicia en injusticia; y la libertad en servidumbre. Así pues, como el estado romano, en la medida en que no era fiel a los elevados fines originarios, se convirtió en imagen de la ciudad de los hombres olvidados de Dios, al vincularse al culto de los dioses paganos, divinizando las fuerzas de la naturaleza o los bienes de la cultura y dejándose penetrar por la corrupción de las costumbres. No por ello Agustín deja de reconocer las viejas virtudes romanas, premiadas por Dios con incremento del poder de su estado y la dilatación del señorío de Roma sobre los demás pueblos, así como tampoco deja en el olvido los defectos de los emperadores cristianos. El estado romano, afirma, estando tan corrompido, inevitablemente va a desaparecer. En cuanto al tiempo, Agustín cree que todavía no puede determinarse, ya que el fin del mundo coincidirá con el fin del imperio. Por eso no hace falta desesperarse, y afirma textualmente: «El imperio romano ha sufrido muchas calamidades, pero no ha sido todavía conquistado. En tiempos anteriores al cristianismo sufrió desgracias parecidas de las que, sin embargo, salió adelante. Por eso uno no debe desesperarse, puede resurgir igualmente en nuestros días. ¿Quién conoce los designios de Dios?» (*De civitate Dei* IV, 7). Estas palabras indican que para san Agustín el principal objetivo de su discurso era defender a los cristianos de las acusaciones de sus contemporáneos paganos y evitar que la fe de los creyentes vacilase. La cuestión relativa a la ruina de Roma quedaba en segundo término.

El acierto y grandeza de la filosofía en la obra *De civitate Dei*

La intervención de san Agustín fue decisiva. Gracias a él, en gran medida, cuando desapareció el mundo romano se salvaron los valores más elevados de la cultura antigua. Agustín no preveía que al Imperio romano lo sucediera un mundo nuevo, pero a él y a sus admoniciones se debe que los romanos creyentes colocaran los cimientos sobre los que, más tarde, se levantaría el edificio de la cultura occidental. Siguiendo sus consignas fueron muchos los pastores de la Iglesia que, como él, se mantuvieron firmes en medio de las tormentas motivadas por las migraciones germánicas y preservaron las preciosas tradiciones de los primeros siglos cristianos, hasta que éstas empezaron a germinar de nuevo como sementeras de una nueva civilización. Hacía falta mucha grandeza de alma y profundísimas convicciones cristianas para salvarse por aquel entonces de caer en un desprecio paralizador del mundo y en un inmovilismo inactivo. Si Agustín se libró de esta actitud fue porque dirigió su mirada al Altísimo, manteniendo una actitud que enardeció a sus contemporáneos y confortó multitud de generaciones.

La invocación al más allá, la vinculación de este mundo con el otro, son ciertamente viejas ideas cristianas, pero nadie como san Agustín las supo exponer tan claramente a los ojos de todos, con un lenguaje diáfano cautivador y de una manera tan impresionante que difícilmente se podrá rehuir. Éste es el punto encantador de la filosofía cristiana de la historia que se desprende de la magna obra agustiniana *De civitate Dei*. Puesto que, si la filosofía de la historia debe estudiar los factores determinantes del curso de los acontecimientos a través de las diversas épocas, ocupan el primer lugar en esta filosofía las cuestiones sobre la finalidad de la especie humana, cuestiones que nunca se plantearon con tanta crudeza como en los tiempos en que se desvanecían todos los objetivos terrenales, y todo aquello que un sector de la humanidad ambicionaba del mundo. Pero Agustín supo encontrar –en la rica experiencia de su vida interior y de sus grandes conocimientos que abarcaban en filósofos antiguos– respuestas profundamente acertadas y luminosas. Éstas constituyen el núcleo del gran filósofo de la historia. Otras cuestiones son en gran medida secundarias, como lo fue la división agustiniana de la historia universal en seis edades. Hay que decir que en esta división san Agustín ni tiene originalidad ni tiene cimentación sólida. Los cinco primeros períodos son fijados dentro de la época del Antiguo Testamento y el último comienza con la Encarnación de Jesucristo. El último día será la instauración del Reino de Dios. Tales consideraciones son irrelevantes si se tiene en cuenta el magnífico contenido del núcleo de la obra. La coherencia y vigor de esos geniales pensamientos iluminará durante muchos siglos la vida de la civilización occidental europea.

San Agustín el gran moralista

La importancia, la grandeza y el acierto —hemos dicho— de la obra *De civitate Dei* son patentes después de haber anunciado su contenido. San Agustín propone en esta obra las directrices ideales y válidas de conducta humana. Más tarde éstas —según la opinión de muchos— serán consideradas como un gran programa cultural vigente para la humanidad de todos los tiempos.

Para nosotros, además de los temas puntuales tratados en la obra *De civitate Dei*, san Agustín destaca como un gran moralista. Existía para los cristianos de aquel tiempo un peligro especial, una tentación que frecuentemente vuelve a tener vigencia en la historia: la de caer en un pesimismo inactivo que podría conducir al aislamiento y a la apatía. Los maniqueos podían explotar fácilmente este pesimismo, hijo de los acontecimientos, a favor de sus teorías, según las cuales el Reino de la Luz —mundo eterno de sustancia espiritual— se enfrentó al Reino de las Tinieblas —mundo igualmente eterno y de sustancia material— siendo los hombres al igual que la tierra, una mezcla de ambas sustancias. Afortunadamente, Agustín se había desembarazado de esta doctrina. A tomar una actitud totalmente adversa al dualismo maniqueo le había ayudado el carácter latino, más realista que el carácter griego, mucho más sentimental, y si queréis místico. La gran clave para san Agustín era la unidad en los preceptos cristianos. Nada de dualidad. Evidentemente la ley moral descansa en dos mandamientos: el amor a Dios y el amor al prójimo. La virtud no es otra cosa que el supremo amor a Dios que es el máximo Bien y coronación de todas las cosas. «Nuestro bien —afirma— sobre la finalidad, que tanto discuten los filósofos, no es otro que unirnos a Aquel, cuyo abrazo —si se puede decir— incorpora el alma. Él es el único que llena y fecunda a ésta en virtudes. Se nos ha ordenado amar este bien con todo nuestro corazón, con nuestra alma y con todas nuestras fuerzas. Es necesario que seamos dirigidos hacia este bien por quien nos ama, y dirigirnos a aquellos que amamos. Así se cumplen aquellos dos preceptos en los que radica toda la ley y los profetas: «Amarás a Dios, Señor tuyo, con toda tu alma, con todas tus fuerzas...» (Mat XXII, 37 y 39). Para que el hombre sepa quererse a sí mismo se le ha puesto un fin al que debe referirse todo lo que haga para obtener la bienaventuranza. Pues quien se ama a sí mismo no desea otra cosa que la bienaventuranza. Y ese fin es unirse a Dios. Por eso cuando al que sabe amarse a sí mismo se le ordena que ame al prójimo como a sí mismo, ¿qué otra cosa se le manda sino que le motive con todas sus fuerzas a amar a Dios? Éste es el culto de Dios, esa es la verdadera religión, esa es la recta piedad, esa es la servidumbre que únicamente a Dios es debida» (*De civitate Dei*, libro X, cap. 3).

Quien así piensa es miembro de la Ciudad divina, pero no basta con pensar así, sino que también hay que obrar en este sentido, ya que el amor no puede permanecer inactivo. Con esto, toda la moral queda abrazada desde un punto de vista único y la vida entera se convierte en un acto de servicio divino. Los hombres pueden confiar que, siguiendo estas máximas, se encontrarán en condiciones de glorificar continuamente a Dios con su conducta: «No es sólo tu voz la que debe cantar las alabanzas de Dios, sino que todas las obras deben hacerle de coro... Si quieres alabar a Dios, no lo hagas sólo con la voz: une a ésta el arpa de tus buenas obras». 2). En este sentido san Agustín alecciona en cada paso a los ciudadanos de la ciudad de Dios sobre el recto uso de las cosas del mundo.

La posición fundamental del hombre respecto a la cultura depende de la contestación que, en cada caso, dé a la siguiente pregunta: ¿cómo servirnos de los bienes de este mundo? Responde san Agustín: «Encontramos la felicidad en el reconocimiento de la suprema Verdad, en el amor del supremo Bien y en la humilde veneración del omnipotente Creador y Conservador de todas las cosas». Así contesta esta pregunta muchísimas veces, presentando ante nuestros ojos los bienes de este mundo como criaturas de un bondadoso Dios. En consecuencia, no es posible que las cosas sean malas en sí mismas, sino que, consideradas en sí mismas, son buenas. «Por eso nos amonesta la divina Providencia de que no vituperamos las cosas insensatamente, sino que busquemos activamente cuál es su utilidad, y allí donde nuestro ingenio o nuestra flaqueza no alcancen a encontrar dicha utilidad, habrá que suponer que existe una oculta, como existía en otras ocasiones en que sólo después de habernos esforzado mucho, al final hemos descubierto la utilidad» (*De civitate Dei* 11,22). Las cosas del mundo se hacen malas en virtud de la forma en que los hombres se comportan hacia ellas. El hombre debe utilizarlas, no disfrutarlas egoístamente, pues en este caso hará que sean malas para él. Hay que usarlas bien, para que así nosotros mismos seamos cada vez mejores, de manera que a través de las cosas corpóreas y temporales nos apropiamos de las espirituales y eternas.

Con estas ideas Agustín propone a la actividad cultural y civilizadora de todo orden un objetivo moral que, elevándose sobre lo terrenal, deja tras de sí todo lo moridor, pero sin desproveer los bienes temporales de su valor relativo. Todo depende, pues, del uso ordenado que hacemos, que, así como proporciona al individuo la armonía interior, también hace que el progreso general de la civilización sea al mismo tiempo un progreso armónico. Y, ¿qué armonía es ésta?: la que nace de la orientación hacia el Bien supremo, hacia el objetivo ultraterrenal. Armonía que queda rota por el encadenamiento a lo pasajero y por la divinización de los valores terrenales y de los objetos meramente culturales. En una mirada hacia lo ultraterrenal el hombre encuentra, además, una defensa contra el pesimismo desesperado.

La distribución de los bienes terrenales no puede proporcionar ningún criterio en el momento de valorar a los hombres. El valor de cada hombre depende más del uso que hace de ellos que del número de bienes que le han venido en suerte. «Quiere el Señor que los bienes y males temporales sean comunes a los hombres buenos y malos a fin de que no deseemos con demasiado afán los bienes, viendo que también los malos los poseen; aunque tampoco esquivamos vergonzosamente los males, ya que con frecuencia afectan también a los buenos». El hombre bueno se comporta ante la felicidad y la desgracia de modo distinto al malo, pero no por esta causa queda libre de las calamidades. Es posible que Agustín se viera forzado a decir estas cosas por las circunstancias y por lo que los cristianos le pudieran decir al ver que era inminente la destrucción del imperio romano. «Pues —afirma— así como bajo el mismo fuego el oro brilla y la paja ennegrece de humo; y bajo el mismo trillo se rompe la paja y el grano se limpia; y no se confunde el hueso de la aceituna con el aceite, aunque se exprime en la misma prensa; así un único y mismo golpe, asestado a los buenos, los prueba, los purifica y limpia, mientras que, a los malos, los condena, arruina y extermina. De ahí que, puestos en la misma aflicción, los malos detestan a Dios y blasfeman de Él, en tanto que los buenos rezan y le ensalzan. Lo único que interesa no es lo que se sufre, sino quien lo sufre, ya que agitados por el mismo impulso, el lodo desprende un hedor horrible, mientras que el ungüento exhala un gran perfume. Es la actitud de cada hombre la que decide si la ventura y desventura deben ser de provecho o no a la salvación y la que nos proporciona el rasero por el que debemos medir el valor de la civilización. El hombre debe apropiarse de todo lo que le pase — sea bueno o malo— y lo debe utilizar para su bien».

Por tanto, lo que —a juicio de san Agustín— caracteriza la perfección en este mundo no es el reposo, sino la actitud personal encaminada al bien. Los hombres son peregrinos que caminan hacia arriba, y no les corresponde holgarse aquí abajo, ya que sólo el «más allá» es el lugar de reposo completo. Y el hombre debe ganarse ese descanso espiritual no dejándose encadenar el alma a la tierra, sino encontrando la verdadera y única utilidad de todo lo que le concede la existencia.

Los bienes de este mundo

Entre los bienes del mundo, san Agustín concede el primer lugar a los bienes del espíritu, es decir, la contemplación ascética y el conocimiento intelectual. Aquí vemos sus antecedentes neoplatónicos. Pero la sabiduría y belleza de este mundo deben referirse siempre a Dios: quien no cumpla con esto no pertenece a la Ciudad de Dios, al reino en el que sólo tiene cabida quien ama a Dios y confiesa humildemente su Nombre.

El segundo grupo está constituido por los bienes sociales, en los que el mandamiento de amor al prójimo se une al de amor a Dios. Los cristianos sabían ya desde el principio que las relaciones sociales se estructuran, en la práctica, a través del primero de estos mandamientos, es decir, el amor a Dios. Así lo enseñaba la Iglesia, la gran maestra del amor al prójimo, y san Agustín hace elogio de la amplia actividad social que la Iglesia despliega. Pero advertimos que lo hace con un lenguaje hoy no demasiado adecuado, dice: «Tú ejercitas y adoctrinas —dice san Agustín— a los niños y jóvenes con energía, y a los ancianos con sosiego, según la edad de cada uno, no sólo mirando su cuerpo sino también su espíritu. Tú impones a las mujeres casta y fiel obediencia (sic) hacia sus maridos no por apaciguar sus deseos carnales, sino para la propagación del género humano en un servicio a la sociedad familiar. Tú das a los maridos autoridad sobre sus esposas, no para escarnecer el sexo más débil, sino para cumplir las leyes del amor sincero. Tú sometes a los hijos a una especie de libre servidumbre respecto a los padres y colocas a éstos por encima de aquellos en un piadoso señorío. Tú unes al hermano a la hermana mediante el vínculo de la religión, más seguro y más íntimo que el de la sangre. Tú estrechas con lazos de mutua caridad las relaciones de afinidad y de parentesco, respetando así los vínculos establecidos por la naturaleza y su voluntad. Tú predicas entre los siervos la adhesión a sus señores, no tanto por necesidad de su condición como por amor a sus obligaciones. Tú haces que los señores se conviertan en benignos hacia sus siervos en consideración al Dios supremo que es Señor de todos ellos, iniciándolos más bien en la persuasión que en la dureza. Tú unes a los ciudadanos con los ciudadanos, a los pueblos con los pueblos... Y, en una palabra, a los hombres, no sólo con el lazo de la sociedad, sino también con el de una especie de fraternidad con el recuerdo de los primeros padres. Tú enseñas a los reyes a cuidar de los pueblos y a los pueblos a someterse a los reyes. Enseñas diligentemente a quien se debe el honor, a quien el afecto, a quien la reverencia, a quien el temor, a quien el consuelo, a quien el consejo, a quien la exhortación, a quien la corrección, a quien la censura, a quien el castigo,... demostrando que no todo es debido a todos, pero que a todos se debe la caridad y a nadie la ofensa. Y una vez el amor ha alimentado a los hombres y dado fortaleza al alma que le ha amamantado con sus pechos, haciéndose así capaz de ir hacia

Dios, cuando se empieza a descubrir la Majestad Divina, en tanto que conviene al hombre mientras éste reside en la tierra, brota tal ardor de caridad y surge un incendio tan grande de amor divino, que purificado y santificado el hombre, aparece claramente la divinidad de aquellas palabras: «Yo soy fuego que consume y vengo a prender fuego al mundo» (*De moribus ecclesiae*, 63 y 64).

Este hermoso pasaje pone de manifiesto el gozo del autor (san Agustín) por haberse convertido, mediante el bautismo, en miembro de la Iglesia, pero también reconocemos en él, una vez más, la gran síntesis que hará perdurable su suerte: el amor al prójimo desemboca en el amor a Dios y coincide finalmente con Él. También encontramos dicha síntesis en todas las páginas agustinianas de contenido filosófico-jurídico, en las que se pueden encontrar ideas profundas estoicas y platónicas entrelazadas entre sí con visiones claramente cristianas, superando así ampliamente la posición de san Ambrosio, que debía contentarse con ampliar en sentido cristiano las concepciones estoicas de la ley natural.

El derecho y la ley naturales

También Agustín toma de los estoicos —concretamente del muy admirado Cicerón— el concepto del derecho natural: la *lex aeterna* que rige, a su juicio, las relaciones con el eterno Creador y gobernador de todas las cosas, identificando el plan divino, eterno y universal, con el orden moral del mundo, establecido por Dios. De ahí la célebre definición agustiniana: "La ley eterna es la razón divina o la voluntad de Dios que ordena respetar el orden natural y prohíbe que sea alterado".

El orden divino se refleja en las ideas que, comunicadas a la mente humana, se encuentran necesariamente en armonía con dicho orden. Aquí, en cambio, vemos cómo san Agustín emplea conceptos platónicos y deduce las normas de la justicia, de la relación entre Dios y la criatura. La ordenación moral universal y objetiva, la *lex aeterna*, al penetrar en la conciencia del hombre, se convierte en ley natural, en sentido subjetivo, o sea, en norma fundamental de juicio y actividad moral. Así como el amor a Dios desemboca en amor al prójimo y los bienes caducos tienen todos ellos la referencia al supremo y eterno Bien, también el derecho natural se fusiona con el orden universal establecido por el Creador, al que —por san Agustín— debe referirse todo en el pensar y el sentir del hombre.

Hay otra cosa muy notable en san Agustín, en la que supera a Cicerón, Lactancio y san Ambrosio. Éstos no llegaron a distinguir conceptualmente entre derecho y moral. La «ley temporal», el orden jurídico estatal, se refiere a las cuestiones terrenales y constituye la ordenación de los asuntos de este mundo realizada por el Estado mediante la coacción, mientras que el orden moral universal, la «ley eterna», tiene como finalidad la consecución de la vida perdurable y el hombre se somete a ella por libre voluntad, movido por el amor. La primera de ambas leyes contempla un castigo de la infracción jurídica, del atentado contra el orden jurídico estatal, mientras que la segunda contempla un castigo del pecado. Ahora bien, la ley temporal no debe ser fundamentalmente contradictoria a la otra, aunque tolere muchas cosas castigadas por la ley de Dios. Por tanto, el Estado no puede ser en último término la regla de la virtud. De ahí que el absolutismo del Estado no pueda ser defendido por el cristianismo. Es un tema de gran actualidad, es necesario inclinarse por un Estado de estructuras más democráticas. Ésta es nuestra opinión (a. 2025).

La familia. Dignidad del matrimonio. Familia y Estado

La célula germinal de toda comunidad social, la primera forma social natural, más antigua que el Estado —y titular por tanto de derechos anteriores al Estado—, es la familia. San Agustín dedica especial atención a la familia, dándose cuenta de que el paganismo había minado el orden estatal a través de la disolución de la institución de la familia.

Ésta última descansa en la ley de la naturaleza y en la de la razón, así como en la ley divina sobre la propagación de la especie. ¿Qué diría del concepto de matrimonio que hoy (a. 2025) se tiene en algunos sectores de la sociedad? Prácticamente es la negación del matrimonio. ¡Qué lástima!

El matrimonio monogámo es la única forma mediante la cual, sin desprecio de su dignidad, el hombre puede multiplicarse. No es justo atribuir a san Agustín, como algunos lo han hecho, la idea de que el matrimonio es simplemente un mal tolerado. Así dice en el *De civitate Dei*: «Pero nosotros dudamos de que el "creced, multiplicaos y llenad la tierra", según la bendición de Dios, sea el don de las nupcias, las cuales constituyó Dios en un principio, antes del pecado del hombre, creando el macho y la hembra» (*De civitate Dei*, 2). En cambio, es un mal —así Agustín lo sostiene enérgicamente contra el pelagiano Julián de Eclanum, que negaba el pecado original— la sensualidad desordenada que es consecuencia del pecado original. Y lo es porque tiende a trastornar el orden que debe reinar entre el espíritu y los sentidos. Pero la sensualidad no constituye en sí un pecado, sino que puede conducir al pecado en la medida en que el hombre consiente el posible desorden. Puede igualmente el hombre emplearla rectamente, de forma libre, legítima y virtuosa, siempre, sin embargo, dentro del matrimonio. El objeto principal del matrimonio —aunque no sea el único— es la generación de los hijos. Merece ser subrayado que también aquí Agustín supera a Ambrosio, ya que aprecia y dignifica el vínculo matrimonial.

Otros objetos o fines del matrimonio —dice san Agustín— son la fidelidad y la comunión espiritual de los consortes. Agustín rechaza como indigna la concepción pelagiana según la cual es el deseo y no el amor lo que produce el matrimonio y propone el amor de los prometidos y de los esposos como ejemplo del amor que el hombre profesa a Dios: «Si el hombre y la mujer se quieren recíprocamente, ¿cuál no tendrá que ser nuestro amor a Dios, verdadero y auténtico esposo del alma? (*Enarratio in psalmo* LV, 17).

Como tercer y más alto objetivo del matrimonio san Agustín señala la santidad del sacramento, y entiende como tal la indisolubilidad esencial del vínculo nupcial.

En estas tres finalidades que el santo obispo de Hipona adjudica al matrimonio podemos ver cómo el cristianismo proporciona a la familia unos cimientos mucho más sólidos que los que tenía en tiempo de los paganos. Esto mismo lo vemos en lo que respecta a las relaciones entre el estado y la comunidad familiar. Agustín supera ampliamente las concepciones helénicas según las cuales la familia se desvanece totalmente ante la presencia del estado y queda completamente absorbida por éste último. Siguiendo, pero superando, a Cicerón, que afirmaba que la familia era el principio y sementera del estado, Agustín afirma que ella es su origen o partícula. Toda la ordenación social en la comunidad humana corresponde a una ordenación natural prevista por el Creador. Dios hizo que toda la humanidad descendiera de una sola pareja, a fin de promover la concordia: la paz doméstica es «la concordia ordenada de la obligación y obediencia entre quienes conviven juntos» (*De civitate Dei*, 19, 14). Lo mismo sucede en el Estado, el cual se encuentra por encima de la familia como un orden orgánico superior.

El orden social constituye un organismo natural, en el que una parte procede de la otra y donde el inferior se encuentra subordinado al superior. El elemento fundamental lo constituye el individuo humano. El primer grupo es la familia; de la familia brota el estado. Dice san Agustín, hablando del gobierno de la paz doméstica: «En esta forma lo prescribe el orden natural, de modo que el nombre de *pater familiae* brota de aquí» (*De civitate Dei*, 19, 16).

El Estado: definición

San Agustín define al estado en términos muy generales «como una multitud de hombres unida por algún vínculo de sociedad, reunida por la comunidad de una ley» (*De civitate Dei*, 5, 1). Este estado al que le corresponde el poder de mandar, es un organismo natural y social, y habiendo sido deseado por Dios, no es malo, sino bueno por naturaleza.

Es un error pensar que san Agustín creyera que el estado debía considerarse como un mal. Es cierto que él opina que según la interpretación pagana —que creía que el estado provenía de los dioses— podría considerarse un mal. No existe un paralelismo entre el estado y la ciudad terrenal. Ésta es la comunidad de los ateos, de los hijos perversos de este mundo, de los orgullosos, de quienes desprecian a Dios por amor a sí mismos. Los ciudadanos de la *Civitas Dei* son los hombres que posponiendo humildemente a su propia persona, aman a Dios por encima de todo. El estado pagano pertenece a la comunidad de los apartados de Dios, fundada en este mundo por el fratricidio de Caín, en la medida en que constituye la forma política del paganismo; por eso san Agustín considera el estado romano histórico como representante de la *Civitas Terrena* en tanto que su fundamento había sido la idolatría. Pero no niega su valor moral, ni priva de toda razón justificadora al estado considerado en sí mismo, ni siquiera al estado romano.

El pecado había corrompido en varias ocasiones el Estado y el orden público. Esta corrupción fue obra, ante todo, del pecado de injusticia, al que están íntimamente ligados el despotismo y la ambición de mando. El Estado debe fundamentarse en la justicia y que su misión primordial consista en velar con justo celo por la seguridad exterior e interior, por el orden y por la tranquilidad... o sea, por el bienestar temporal de todos los ciudadanos. Pero el Estado no debe contentarse sólo con esto, ya que los bienes temporales no son bienes supremos y en su posesión no está la felicidad del más allá. Esta felicidad consiste, tanto para el individuo como para el Estado, en el servicio al verdadero Dios; por eso, no se puede tolerar la idolatría, es necesario promover la veneración del Dios único y la observancia del orden moral por Él prescrito, no limitándose a desempeñar el papel de un simple vigilante de la aplicación de las leyes, es preciso cuidar la pública moralidad. El Estado no tiene derecho a constituirse en fin en sí mismo, ya que la sociedad política temporal no es la más alta de las sociedades. En esto, precisamente, se manifiesta la irracionalidad y la malicia de la *Civitas Terrena*, que aferrándose a lo temporal desconfía de lo superior.

Los paganos no podían estar conformes con estos razonamientos, puesto que creían que el Estado era el máximo y más alto fin. Para Agustín, es necesario integrar a la sociedad en un plan universal de Dios en el que el bien supremo no es otro que el mismo Dios. Por ello la doctrina cristiana viene a ennoblecer el concepto de Estado. Sin embargo, es necesario reconocer que aun hoy en día esta idea está muy lejos de ser alcanzada. En la edad media habrá muchas teorías arraigadas en el pensamiento de san Agustín, pero tampoco se llegó a presentar una sociedad o estado ideal porque, ciertamente, esta sociedad ideal no es de este mundo, aunque es necesario esforzarnos por conseguirla con humildad pero también con fortaleza.

El concepto de Estado agustiniano también ennoblece la dignidad de la persona o del individuo. El Estado tiene límites tanto en el orden social como en el particular de cada individuo. El hombre no debe perder su independencia en el interior de la sociedad o bajo el estado. El hombre no es sólo ciudadano, sino algo más importante: es hijo de Dios y ciudadano del cielo. Las virtudes cívicas y la civilización no son para él los bienes supremos: su bien más excelso es su condición de ser hijo de Dios. Y la libertad humana alcanza la máxima dignidad cuando le es conferido al ciudadano el derecho y, con éste, el deber de resistir a la coacción que el Estado pretende imponer a su conciencia.

Relaciones entre los estados: Derecho internacional

Sin embargo, san Agustín no se limitó a considerar la vida interna del Estado: sobrepasando las fronteras de éste, pone su mirada en lo que deben ser las relaciones entre varios estados coexistentes y coloca así las bases de un derecho internacional. Tal visión es digna de admiración, pues en su tiempo, sólo existía el imperio romano y nadie podía pensar que a su lado pudieran existir otros imperios civilizados. Pero, de forma puramente teórica, Agustín toma en consideración la posibilidad de que un orden político distinto se diera en lugar del estado universal de Roma. En esta hipótesis propone como solución ideal la misma que en nuestros días ofrecen muchos pensadores políticos y que consideran la solución de muchos conflictos internacionales. Imagina —y en eso ya Marco Aurelio, el emperador estoico, se le había anticipado— una multitud de pequeños estados que hubieran podido coexistir en paz y concordia, al igual que una multitud de familias coexisten dentro de la ciudad; y con gran discreción y coherencia desarrolla su pensamiento en las siguientes frases: «Observad bien… porque no ha sido la iniquidad de aquellos contra quienes se hicieron guerras justas, la que ha contribuido al crecimiento del reino, el cual sería pequeño si sus vecinos —viviendo en tranquilidad y justicia— se hubiesen abstenido de provocar, por medio de una injuria, que se les declarara la guerra. Sería así más feliz la humanidad, si todos los reinos fueran pequeños y disfrutaran de un pacífico vecindario. Así habría en el mundo muchos reinos nacionales, al igual que ahora sucede cuando en una gran urbe hay muchas familias de conciudadanos». (*De civitate Dei*, 4, 15). Recordemos que en tiempos de san Agustín todavía existía el imperio romano.

En otros pasajes, Agustín censura abiertamente la política del poder desplegado por Roma y que condujo a la conquista de otros pueblos, condenando igualmente como ladrocinio las políticas de conquista del legendario Ninus y de Alejandro Magno, a las que atribuye como único fundamento el afán de gloria y es precisamente al tratar este tema cuando escribe la frase: «Cuando está ausente la justicia, ¿qué son los reinos, sino grandes ladrocinios?». (*De civitate Dei*, 4, 4). Sin embargo, hay que precisar que en el contexto de esta frase Agustín polemiza contra aquellos que lo contradicen y que se refieren a la potente expansión y a la prolongada duración del dominio de Roma, atribuyendo estos logros a la ayuda de las divinidades paganas. Por eso estas palabras son, en apariencia despectivas contra el Estado.

Agustín, aunque quiere la paz entre los pueblos, no niega que un estado puede verse forzado a entrar en guerra por una injusta conducta de la parte adversa. En ese caso la guerra sería justa. La guerra —afirma— es siempre consecuencia del pecado. Sin embargo, cabe afirmar que aquí, en este mundo, no se consigue la felicidad eterna (*De civitate Dei*, 19, 17). Agustín, buen conocedor de la miseria humana, no espera que semejante situación ideal se pueda realizar totalmente en este mundo, aunque los ciudadanos de la ciudad eterna buscarán ya en este mundo todos los medios para obtener la paz terrenal, así como los ciudadanos de la ciudad de Dios amarán y respetarán las lenguas, las costumbres, las leyes y las instituciones de cada pueblo... todo esto ayudará.

Situación de la Iglesia católica en el campo jurídico y estatal

El cristianismo no sólo profundizó y ennobleció el programa civilizador de la antigüedad sino que lo hizo más amplio. Uno de los aspectos primordiales de esta ampliación lo constituye el reconocimiento de la situación jurídica de la Iglesia católica, necesario desde el momento en que ésta se establece con carácter de organismo independiente.

La Iglesia católica aparece en el *De civitate Dei* agustiniano como la encarnación visible del Reino de Dios en la tierra, frente a la cual el estado pagano constituye, a ojos del autor, la encarnación del Reino de este mundo en tanto que diviniza a las criaturas y niega su reverencia al Dios verdadero. Esto debe entenderse en el sentido de que «Ciudad de Dios» y «Ciudad del Mundo» son conceptos más amplios: en la medida en que la Iglesia puede contener y contiene, de hecho, muchos hombres que pertenecen al reino de los apartados de Dios, también en el estado pagano encontramos a muchas personas que pertenecen a la

Jerusalén espiritual (*De civitate Dei*, 18, 47). La Iglesia es la comunidad visible de los bautizados, fundada por Cristo y que posee las señales de catolicidad, unidad, santidad e infalibilidad. ¿Cómo debe comportarse, por tanto, esta comunidad visible (Iglesia) en relación con el estado? Se inicia un tema muy importante sobre el que tanto los pensadores medievales como los actuales quieren ver muchas cosas en los escritos de san Agustín; pero hay que decir que el pensamiento del Santo debe enmarcarse en su tiempo y no manipularlo con las exigencias de otras épocas de intensas relaciones entre la Iglesia y el estado.

No cabe duda de que la Iglesia quería independizarse del estado o, al menos, quería que éste reconociera la posibilidad de ejercer su finalidad y medios. En la antigüedad el *ius sacrum* era parte del *ius publicum*. La Iglesia reclama por sí una autoridad que en materia religiosa prevalga sobre la del propio emperador. San Ambrosio afirma que en las cosas que pertenecen a la esfera de la fe es la Iglesia quien debe juzgar al emperador y no al revés. Agustín quiere consolidar los argumentos que fundamenten el intento de la Iglesia de colocarse jurídicamente en la sociedad. San Agustín no tuvo dificultad al tratar personalmente con el estado. En sus días la Iglesia necesitaba constantemente la protección del estado y los emperadores cristianos —con buenos o malos modos— respondían. La Iglesia y el estado vivían en concordia, protegiéndose recíprocamente. Esta situación le pareció buena a Agustín y así lo dice en *De civitate Dei*: «La ciudad celestial, o mejor dicho, la porción de ella que peregrina en este mundo mortal y vive de la fe, es necesario, pues, que use también esa paz (se refiere a la paz terrenal) ya que le es necesaria. Y por eso, mientras hace su peregrinación como cautiva, habiendo recibido la promesa de la redención, no duda a la hora de acomodarse a las leyes de la ciudad terrestre, a fin de que reine la concordia entre ambas ciudades». (*De civitate Dei*, 19, 17). Y alaba a los emperadores cristianos «si emplean su poder, para difundir todo lo posible el culto a Dios al servicio de la Majestad divina» (*De civitate Dei*, 5, 24).

¿Quién debe combatir la heretjía?

Es cierto que los emperadores cristianos consideraban como una de sus misiones combatir la herejía y el cisma. San Agustín, teniendo presente la mencionada práctica, se vio obligado a plantearse la ardua cuestión de si la Iglesia debía solicitar el auxilio del poder coactivo del estado, ya que los católicos de África estaban convulsionados por los acontecimientos gravísimos provocados por los donatistas y por el movimiento anárquico de los campesinos llamados *circuncelliones*. En un principio, Agustín no quería que estos sublevados y herejes fueran obligados a ingresar en la Iglesia, pero cuando vio que todos los intentos pacificadores eran fallidos, renunció a la anterior postura, especialmente cuando era obvio que los *circuncelliones* atacaron violentamente a muchas comunidades cristianas de su obispado. Y por eso pidió la protección del estado a favor de los católicos, perseguidos y ultrajados. Después de haberlo logrado, formula los principios que justifican esta intervención coactiva.

Para explicar esta teoría justificativa de la coacción, con el fin de que los herejes volvieran a la comunidad eclesial, es necesario observar que Agustín poseía una firme creencia según la cual estaba convencido de que la verdad que predicaba era la única y que no podía admitirse que los herejes permanecieran fuera de esta verdad con buena fe. Por tanto, le fue muy fácil prescindir de todo el esquema que antes expuso sobre la libertad y la tolerancia. Los hechos le movían hacia la parte opuesta. Sin embargo, hay que reconocer que Agustín en estos terribles asuntos fue suficientemente benigno y nunca admitió como castigo la pena de muerte, pues afirma que siempre existe la posibilidad de que el culpable enmiende su delito por grande que sea. Es por ello lamentable que en muchas exposiciones que se han hecho sobre la doctrina de san Agustín referentes a la coacción y la Iglesia, no se tenga presente la angustiosa situación histórica en la que se encontraba su iglesia de Hipona, especialmente ante los donatistas.

Estas circunstancias puntuales nos demuestran, por otra parte, que en una cuestión más grave cómo fue la teoría —y práctica— de la supremacía del poder eclesiástico sobre la autoridad civil, Agustín no patrocinó la postura extremista, o sea, la sumisión del reino (civil) al sacerdocio. Ni tampoco se le puede atribuir la idea defendida por algunos historiadores de que en la Edad Media la potestad imperial era conferida por la Iglesia. Ni en el caso en que los emperadores combatieran la herejía, éstos no actuarían —según la teoría de san Agustín— como subordinados, ni como sometidos al dictamen de la Iglesia. En estos casos esporádicos los emperadores —siempre según el pensamiento de san Agustín— actúan en virtud de la plenitud de su poder imperial.

Semejantes problemas no aparecen propiamente hasta después de la desaparición del imperio romano. La Iglesia tal y como se manifiesta en los escritos de san Agustín, hace uso de un poder exclusivamente espiritual. La ayuda de la Iglesia militante aquí, en la tierra, no le viene de otro lugar que el que le puede proporcionar la Iglesia triunfante. Ésta sí que se identifica plenamente con la Ciudad de Dios.

San Agustín concede gran importancia a la paz espiritual de cada hombre, es decir, a los motivos de su obrar, especialmente en la actitud que la persona adopta frente a las cosas de este mundo. Por eso Agustín nos dejó un primoroso programa encaminado a ver cómo los cristianos deben promover el progreso y la mejora de las instituciones humanas. Tienen especial interés las teorías sobre las cuestiones económicas y sociales que tan fuertemente sacudieron a la sociedad de aquel tiempo. Agustín fue testigo, en África, de una revuelta agraria de grandes repercusiones sociales. Los citados *circuncelliones* —como hemos dicho antes— eran campesinos que iban y volvían robando y saqueando todo lo que encontraban a su paso. Sin embargo, hay que reconocer que esta revuelta no era otra cosa que una consecuencia de la atroz opresión a la que los colonos estaban sometidos dentro del imperio romano y que no impedía el derrumbe de la economía. Por otra parte, el movimiento de los *circuncelliones* había tomado también un carácter religioso. Los campesinos de Numidia y Mauritania formulaban sus reivindicaciones económicas en nombre de la igualdad religiosa y se unieron con todos los elementos descontentos, especialmente con la secta rigorista de los donatistas, surgida en Cartago en 311 con motivo de una elección episcopal.

Cuando este movimiento tomó un cariz verdaderamente revolucionario, es indudable que se introdujeron en él elementos de carácter —diríamos— anarquista; a consecuencia de ello, los actos de violencia se hacían cada vez más frecuentes, poniendo en continuo peligro el orden público y relegando a la impotencia la acción de la justicia. Los terratenientes se veían obligados a cancelar sus créditos; si no lo hacían, eran expulsados de sus tierras y maltratados por sus detractores. Los esclavos rebeldes se imponían a sus señores, forzándoles a realizar trabajos serviles, de modo que los dueños huían del campo —donde no se encontraban seguros— hacia la ciudad. Excepcionalmente y por influencia de los donatistas, los actos de violencia se dirigieron contra las propiedades de la Iglesia católica. En medio de estas circunstancias turbulentas, se propagó un escrito compuesto en los círculos pelagianos de Sicilia, en el que se condenaban las riquezas, apoyándose en la doctrina moral de El Salvador y de los Apóstoles. He aquí algunos sofismas que se decían: «Suprime al rico y no encontrarás ya más pobres. Nadie debe poseer más que lo necesario; y, si esto se cumple, todos tendrán a su disposición lo suficiente para satisfacer sus necesidades».

La propiedad privada

San Ambrosio se pronunciaba con gran dureza contra la riqueza. Comprenderemos que muchos adeptos a la Iglesia daban buena acogida a ideas similares que estaban en consonancia con este desprecio que los cristianos tenían hacia la riqueza.

También se ha querido ver en los escritos de san Agustín un cierto eco de esta manera de pensar. Pero en muchos fragmentos de sus obras, Agustín no sólo reconoce el derecho a la posesión de bienes terrenales sino también a la riqueza: «De ningún modo se rechaza la riqueza de los ricos y la pobreza de los pobres, sino que en aquellos se condena únicamente el olvido de Dios, mientras se alaba en éstos la piedad». Él cree que la riqueza es uno de los dones otorgados por Dios, que el hombre está obligado a usar rectamente. No será lícito al cristiano vincular su corazón a la posesión, el ser codicioso o avaro y sobre todo ceder en el orgullo que tan frecuentemente acompaña a la riqueza. No condena a los ricos, sino que les pide que hagan un recto uso de lo que poseen: «Predica que también ellos (ricos) son miembros de aquel Pobre, el crucificado, que el rico sea humilde y considere al pobre como hermano suyo» (*Sermón* 36, 5, 7).

Dar limosna es un deber de caridad; es necesario potenciar las instituciones benéficas. En lo referente a este punto, Agustín será el gran promotor —a pesar de la distancia temporal entre él y los siglos XII y XIII— de las obras de beneficencia y asistencia en la Edad Media. Establece un paralelismo entre la donación de bienes realizada con miras a conseguir la vida eterna y el préstamo o la «gruesa aventura» tal y como la practicaban en su época en el mundo de los negocios.

Esta operación mercantil consistía en entregar al armador de un barco que se hacía a la mar una cantidad de dinero en concepto de préstamo, a condición de que si el viaje resultaba adverso, la cantidad prestada quedaba perdida por el prestamista, pero si el viaje era positivo éste recibía el dinero más un elevado interés. Así pues, decía Agustín: «obra tú de la misma forma que lo hacen los hombres codiciosos. Haz un préstamo a «la gruesa». Da al peregrino de esta tierra (para el bienestar terrenal) algo que cobrarás en la otra parte celeste con elevado interés». «Aquí, das cosas moridoras, arriba recibirás cosas no moridoras». (*Sermón* 86, 11 y 42, 2).

Según san Agustín las limosnas no sólo podían ser aplicadas para el provecho de la propia alma antes de que muriera, sino aun después de la muerte.

La esclavitud y el comercio

Una posición muy parecida adopta en lo que se refiere a la esclavitud, institución que en la antigüedad determinaba todo el problema social. También en éste, como en el caso de la riqueza, el santo obispo se refiere al derecho positivo, pero formula, en parte, una protesta contra las bases de esta institución. Pero es una simple protesta sin mayores consecuencias. Al igual que los estoicos y en contra de Aristóteles —que decía que la esclavitud estaba fundada en el derecho natural— Agustín defiende que todos los hombres fueran libres en un principio; nadie es más que otro, a no ser en virtud de sus buenas obras y de su recta intención. Nos gustaría, sin embargo, ver a un san Agustín beligerante contra la institución de la esclavitud; no es así, ¡lástima! ¡Pero se comprende! Ésta es nuestra opinión.

El cristianismo en tiempos de san Agustín, con sus nuevas ideas, ha contribuido a cambiar el trato con los esclavos, pero no a abolir la esclavitud. ¡Fue y es una lástima! Bajo la influencia de la doctrina cristiana, el emperador Constantino había declarado que la muerte intencionada de un esclavo, constituía un homicidio, y había reconocido en las iglesias el derecho de manumitir solemnemente a los esclavos. Este derecho había sido trasladado en tiempos de san Agustín a las iglesias de África, atendiendo así a los ruegos formulados por sus obispos. Según Agustín «Dios creó al hombre no para ser señor de sus semejantes sino para serlo de los seres irracionales. Fue el pecado el que trajo la esclavitud». De esta forma, este estado originariamente anormal se convierte en legal y conforme a la justicia de Dios. «Los esclavos no tienen derecho a la emancipación» (sic). Pero esta teoría no impedía a san Agustín exhortar a sus amigos para que hicieran donación de sus propiedades a la Iglesia y que no vendieran sus esclavos, sino que los liberaran (*Sermón* 356, 3, 7). Los dueños no deben manifestarse así como dueños, sino como *pater familiae* de los esclavos, como si fueran sus hijos. Siguiendo a san Pablo, Agustín predica entre los esclavos fidelidad a sus señores (sic), a los que deben servir de corazón y con buena voluntad (sic). En esto, pues, san Agustín se quedó muy corto según la moralidad de nuestro tiempo (a. 2025).

Como se ve, san Agustín no pretende cambiar la situación jurídica social de los esclavos; sin embargo, se esfuerza en endulzarla mediante la conciliación de las voluntades. ¡Fue —repetimos— una lástima! ¡Así es la historia!

Todos los trabajos de los hombres realizados con dignidad y ante una necesidad son honrosos. Es necesario compaginar el trabajo espiritual y el corporal. También el comercio puede ser honroso para san Agustín, aunque otros santos padres lo consideraban peligroso para el cristiano. Sin embargo, algunas veces puede resultar injusto por las ganancias descomunales y por los intereses desproporcionados. La percepción de intereses —es opinión común durante muchos siglos en la Iglesia— es condenada como arte maligno, y Agustín propone la prohibición de intereses a favor de los pobres. Propone también que los ricos presten dinero a los pobres pero sin intereses, siempre va contra la usura. Esto también es una fórmula adecuada de hacer limosna. Para comprender los numerosos pasajes en los que Agustín habla de la usura, es necesario tener presente la extensión de esta práctica en su tiempo. La calamitosa situación financiera del bajo imperio romano había creado unas circunstancias desgraciadamente deplorables después de la destrucción de la clase media debido a la descabellada política fiscal. No era posible regenerar ya esa economía y eso san Agustín lo sabía. Ante la imposibilidad de mejorar las instituciones, no quedaba otro remedio que tratar de mejorar, uno a uno, a todos los individuos que quisieran escucharle. Tal es la finalidad de todas estas exhortaciones que encontramos a lo largo de su obra moralista. Por otro lado, no era posible pedirle más a un obispo de esos tiempos. Esa es nuestra opinión.

En este tema, como en otros, Agustín no hace más que fijar teóricamente el punto de vista que, ya desde tiempo atrás, habían adoptado los cristianos en la práctica. Su grandeza no sólo consiste en pronunciarse sobre casi todas las cuestiones que exigían la adopción de una postura doctrinal por parte de los cristianos del imperio, sino en considerarlas con mayor altura de miras, refiriéndose siempre, al tratar de ellas, a los últimos y elevados principios, de modo que en los siglos siguientes, cuando ya las condiciones habían continuado la vida, las condiciones de vida doctrina que les guiara en medio de las nuevas circunstancias.

Agustín, síntesis de dos culturas: la romana y la cristiana. Conclusión

En el espíritu de san Agustín las ideas idealistico-platónicas de la verdad, el bien y la belleza, se hermanaban con la ética sobria y sana de los estoicos romanos y, lo que es aún más interesante, esta escogida herencia de la antigüedad iba unida a una ardiente convicción cristiana. Así Agustín llegó a ser el pensador cristiano ante el cual todo Occidente se inclinó con gran respeto durante muchos siglos. Sin embargo, hay que reconocer que por las circunstancias extremadamente difíciles que vivió Agustín, no pudo gozar de la calma que requería el tratamiento de estos temas tan difíciles. Por eso siempre será discutido y creará escuelas, ya que apoyándose en un mismo texto suyo, se expondrán curiosamente teorías a menudo opuestas. Los escolásticos serán los llamados a profundizar y, concretamente —como hizo santo Tomás—, a completarlos. Pero la lectura directa de las obras de san Agustín siempre gozará de los máximos atractivos, ya que su doctrina se fundamenta en el más puro cristianismo y nos aporta las nociones más sanas de la antigüedad. Por ello —como hemos dicho y repetido— también puede considerarse como uno de los pilares de Europa. Aún hoy (a. 2025, año de la elección del papa agustiniano León XIV) nuestro admirado san Agustín sigue vigente. Así se expresa el historiador protestante Harnack: «Hasta nuestros días la piedad profunda y viva, así como su expresión, tienen en el catolicismo un carácter esencialmente agustiniano». (Harnack, *Das Wesen des Christentums*, Leipzig, 1905, pág. 190). Pero hemos constatado que, a pesar de los principios, discusiones, escuelas… los hechos sugieren un aclaparador itinerario que con toda sencillez a continuación relatamos. En ello vemos —estoy convencido— siempre la mano de Dios. Esto me hace ser en el fondo optimista: ¡Dios está *nobiscum*!

Al invadir los vándalos el norte de África —sin que nadie fuera capaz de detenerlos— obispos y sacerdotes se dirigieron a Agustín pidiéndole consejo sobre lo que había que hacer. Le preguntaron si debían quedarse en el país o huir siguiendo el ejemplo de algunos obispos hispanos que habían abandonado sus diócesis. Agustín, enérgicamente, contestó que era necesario que cada uno permaneciera entre sus feligreses, pasara lo que pasara, y que buscaran refugio en el Señor, que era el único capaz de alejar los peligros. «Los clérigos —decía— deben encontrarse en sus lugares, dispuestos tanto a vivir como a morir; y si no es posible que se aparte ese cáliz, que se haga la voluntad de Dios. El Señor no puede desear ningún mal para nosotros. Es necesario que los pastores se salven en unión con sus feligreses o acepten con ellos lo que sobrevenga» (*Carta*, 228).

Estas contundentes palabras de san Agustín provocaron el efecto deseado. En todas partes estas indicaciones fueron generalmente atendidas. No en vano venían del hombre considerado el más ilustre doctor de la Iglesia latina, a quien todo Occidente (la futura Europa) atribuía una autoridad excepcional. Pero la realidad es que el cristianismo perdió en todo el norte de África. Aunque los sarracenos dos siglos después aseguraron que serían benignos, por desgracia la total destrucción del cristianismo fue y es un hecho.

El 28 de agosto del año 430, a la edad de 75 años, en su ciudad epis-copal de Hipona —asediada en aquellos momentos por los vándalos y abocada a una destrucción segura, Agustín entregó su alma a Dios—, conservando hasta el final la misma intrepidez que había predicado. Su misión había ido más allá, se centuplicaba; gracias a él, quedaba confirmada la misión civilizadora de la romanidad como base intelec-tual de la futura civilización de Occidente. Europa ya tenía uno de sus cimientos más decisivos: ¡era Agustín con sus espléndidas doctrinas! Una doctrinas que nunca dejan de ser actuales, como lo es un papa —León XIV— agustiniano hoy.

IV

LEÓN I EL MAGNO

La semilla de los padres de la Iglesia y los escritores eclesiásticos latinos de los siglos IV y V, entre los que destacan san Ambrosio y san Agustín, germinó abundantemente. Sus frutos se conservaron durante toda la edad media en la civilización europea occidental. Sin embargo, el mundo latino cristiano sufrió mucho en esa época de transición. El papado fue una de las pocas instituciones que, ultra mantenerse, progresó esplendorosamente en aquellos tiempos y, gracias a ella y a sus fieles colaboradores (obispos, clérigos y monjes), pudo transmitirse la cultura de la civilización greco-romana. También gracias al papado y a sus colaboradores el cristianismo se incorporó definitivamente a dicha civilización occidental, aunque es necesario reconocer errores atribuibles a la condición humana de sus miembros si al menos queremos ser justos.

Roma y el papado

La institución del Papa fue decisiva en los primeros siglos de la Iglesia. La historia de finales de la edad antigua y principios de la medieval en el ámbito latino sería inconcebible sin la presencia del papado, o por lo menos sería otra cosa. Aquellas palabras de Jesús dirigidas al primero de los apóstoles («tú eres Pedro y sobre esta piedra edificaré mi iglesia…, te daré las llaves del Reino de los cielos.

Pastorea a mis ovejas...») fueron pacífica y universalmente repetidas y seguidas en una de las épocas más trágicas de nuestra civilización, cuando todo parecía dispersarse. Fue providencial la constante referencia a este principio de unidad que era el papado en la época en que un completo desenfreno de corrientes diversas y opuestas irrumpía en la perpleja y cansada sociedad latina. Pero paradójicamente Roma —gracias a ser la sede de los sucesores de Pedro— se convertiría de nuevo en la capital de la romanidad y, por supuesto, de la Iglesia latina. Acerquémonos históricamente a esta Roma y observaremos la estructura social de aquella sociedad que giraba en gran parte ya en torno a la figura del Papa.

Los datos contenidos en una carta del papa Cornelio (siglo III) hacen referencia a un clero romano que estaba integrado por 154 personas, de las cuales 46 eran presbíteros. 1.500 pobres eran alimentados por la Iglesia de la ciudad de Roma —entre este colectivo se encontraba el grupo de viudas y niños—. El número de cristianos de Roma se calcula que alcanzaba los 50.000, siempre a mediados del siglo V.

En el año 419 comprobamos la existencia de 70 sacerdotes en la ciudad de Roma. Y en un sínodo del año 494 se citan como presentes 74. En esa época existían en Roma 29 iglesias titulares, o sea, iglesias que constituían centros estables del cuidado de almas y de las cuales 15 o 20 existían ya en época de Diocleciano (inicios del siglo IV). Estas iglesias más antiguas (unas 15) habían sido anteriormente residencias privadas cedidas por propietarios acomodados para fines eclesiásticos.

Si la Iglesia romana constituía ya una potencia en tiempo de las persecuciones, su fuerza aumentó notablemente a partir de Constantino. Éste dio al papado una gran excelencia al otorgarle las recientes edificaciones de las espléndidas basílicas de San Pedro sobre la tumba del Príncipe de los apóstoles y la de San Juan de Letrán, con su palacio imperial y otros templos como el de los 12 Apóstoles y el de San Pablo extramuros.

El obispo de Roma adquirió —desde que la religión cristiana fue proclamada religión del Estado (a. 381 Teodosio)— una influencia muy importante aun en los asuntos temporales. Esta influencia todos los obispos la tenían, pero más aún los de Roma, quienes ejercían el poder jurisdiccional en los litigios sobre el clero y los seglares, y también intervenían en las contiendas sobre asuntos civiles; muchas veces ambas partes se sometían a la decisión del obispo, porque creían que era más justa.

Otro factor de gran importancia a la hora de valorar al papado e incluso las demás sedes episcopales era que la Iglesia se encargaba de proteger a los más necesitados y desamparados por la justicia civil. En todas partes se solicitaba la intervención del Papa para controlar la burocracia y la administración de la justicia, a menudo deficientes. Además, muchos de los pobres de Roma —por no decir todos— eran atendidos por la Iglesia. Esto significaba un gran peso moral y al mismo tiempo unos importantísimos ingresos provenientes de muchas tierras que se dieron al Papa para cubrir estas necesidades, no sólo en las cercanías de Roma, sino especialmente en las regiones del sur de Italia, en Sicilia e incluso en Grecia. El Papa, con sus diáconos, era el administrador de un cúmulo tan grande de cultivos y tierras que hacía sombra al poder de los propios emperadores.

Pero en Roma había demasiada miseria a todos los niveles. Así, ya san Pedro al hacer referencia a ella decía que era como una nueva Babilonia. También Tácito había dicho, hablando de la urbe, que era el lugar donde se cometían todas las atrocidades y todas las vergüenzas del mundo (*Anales* 15, 44). La pública corrupción de las costumbres y la superstición no podían menos que contagiar a muchos cristianos, débiles en la fe. El número de estos últimos creció mucho entre finales del siglo IV y el V. Ya era bien visto ser cristiano y, más aún, era mal visto quien se quedaba en el paganismo. Por tanto, desgraciadamente los cristianos y también el estamento clerical bajaron en los valores evangélicos más genuinos. Nos causa, aun hoy, un gran impacto la descripción que hizo san Jerónimo de los clérigos romanos de aquel tiempo: «Todos sus miramientos los absorbe el vestido: perfumarse con delicados aromas, usar calzado flexible y brillante, rizarse el pelo con muelles y llevar los dedos resplandecientes. Cuando caminan, apenas pisan el suelo para no estropear la suela de su calzado con la humedad. Cuando nos acercamos parecen más unos galantes que unos clérigos». A continuación de este relato san Jerónimo nos describe un prototipo del clero. «...se levanta en la aurora e inmediatamente examina la lista de las visitas que debe realizar. Estudia la forma de abreviar el trayecto, se pone en camino por la mañana y entra en las casas hasta los dormitorios de sus amistades. Cuando ve una almohada, un bonito tejido o cualquier otro ornamento doméstico de su gusto, lo enaltece y se admira hasta que consigue que se lo regalen, ya que todos temen herir lo más mínimo el alcahuete de la ciudad. La castidad y el ayuno no son su fuerte ni mucho menos. Aspira con fruición los densos aromas de la cocina y denomina sagrado el desayuno. Por todas partes se le encuentra, con su mirada violenta y descarada y con la boca siempre dispuesta a la maldiencia. Donde se dice alguna novedad, está él presente para agrandarla y exagerar el rumor. Cambia de caballos cada hora y su cabalgadura es tan fogosa y va tan adornada que cualquiera creería que pertenece al rey de Tracia» (*Carta 22 a Eustaquio*, Pl. 22, 41 4).

Ni el propio papado pudo mantenerse siempre lejos de los peligros de esa orientación mundana ni de esa sed de mandar y de honores. Algo explicable si se piensa que la Iglesia también es humana. Pero el papado —hay que reconocerlo— estuvo mucho más a la altura de lo que correspondía a las circunstancias adversas en los siglos V y VI, que cuando entró en la Edad Media, y esto se debe en gran parte a los grandes padres de la Iglesia: san Agustín, san Jerónimo y san Ambrosio y, especialmente, a León el Magno. Lo mismo habría que decir de muchos obispos ejemplares, como por ejemplo de nuestro san Paciano de Barcelona (finales del siglo IV).

La elección de los papas y los obispos

Los papas eran elegidos como cualquier otro obispo: por el pueblo y por el clero. Se venció la tentación de que los obispos —con la mayor buena pero ingenua voluntad— trataran de resolver el problema de su sucesión con la designación, anterior a su muerte, de un candidato (sic). Así lo hizo, por ejemplo, san Agustín. Pero pronto se descubrió el gran peligro que esta modalidad de designación comportaba, puesto que con ella se podía llegar a eliminar totalmente la elección y establecer una monarquía hereditaria, que hubiera sido más cercana a lo que ocurría en la sociedad civil. Por eso la designación del sucesor fue pronto prohibida, tanto por la sede romana como por el resto de obispados (véanse las elecciones en Barcelona y Égara en el siglo V con el obispo san Ireneo, primero de Égara y después de Barcelona).

El obispo —como hemos dicho— era elegido por el clero y el pueblo, en presencia de los obispos vecinos que debían dar su conformidad y ordenarlo obispo imponiéndole las manos. Esta norma provenía de los primeros concilios ecuménicos de la Iglesia. La aristocracia de funcionarios públicos sin embargo desempeñaba un papel preponderante entre los electores seglares, de la misma manera los altos dignatarios eclesiásticos tenían una mayor influencia que el bajo clero. Era prácticamente inevitable que, en tales circunstancias, algunos clérigos ambiciosos, buscando el patrocinio de los bandos y grupos adeptos, consiguieran inclinar la elección a su favor, conquistando así una posición que muchos codiciaban, de poder e influencia inherentes a la dignidad episcopal. La reacción que necesariamente debían provocar semejantes usos no se hizo esperar: se produjeron dobles elecciones y cismas que despertaron las pasiones populares y disminuyeron el prestigio y la dignidad de la Iglesia romana. Así, en 336, Ursino inició un cisma contra el papa Dámaso, canónicamente elegido. Esta doble elección provocó sangrientas luchas en las calles de Roma. En el año 418, con motivo de la elección del papa Bonifacio I, se produjeron actos de violencia al hacerse elegir, en su contra, al archidiácono Eulalio con el apoyo de Símaco, prefecto de la ciudad. En ambos casos fue necesaria la intervención del emperador para eliminar a los intrusos.

«Donde está Pedro, está la Iglesia»

Afortunadamente estos incidentes sólo empañaron de forma pasajera la misión histórica asumida por los papas como titulares del primado, misión que se cumplió siglo tras siglo. La correspondencia de los papas en estos tiempos —que tan sólo nos ha llegado fragmentariamente— certifica la abundancia de requerimientos que el papado recibía y también los múltiples aspectos de su actividad como custodio supremo de la fe y de las costumbres. Aunque no faltaron oposiciones ni desobediencias, la sucesión de los actos de expreso y explícito reconocimiento del primado romano fue en constante aumento. San Ambrosio escribía: «Donde está Pedro, está la Iglesia» (*Enarratio in psalmo* 40, 30). Y de un sermón de san Agustín se puede extraer el célebre aforismo: «Roma loquta, causa finita» (*Sermón* 131, 10).

Oriente deseaba crear su propio centro eclesial, pero sólo alcanzó en los siglos V-IV la elevación del rango del obispo de la nueva corte imperial, a quien el concilio de Constantinopla del año 381 pretendió atribuir el segundo lugar entre los patriarcas; seguidamente de Roma, figuraba Constantinopla, antes de Antioquia, Alejandría y Jerusalén. Pero no pudo eclipsarse al obispo (papa) de Roma. En Occidente, el papa no era sólo el primadoe, sino el patriarca, el metropolitano del centro y sur de Italia —el obispo de Milán lo era del norte— y el papa era el obispo indiscutible, centro de atención y referencia de todo Occidente, que atravesaba unos momentos de graves problemas de identificación. Más aún, Roma (o mejor dicho, el papa) hizo posible —y llevó a cabo— una reconstrucción de lo que quedaba de la civilización romana.

El año 410 debía ser para Roma el principio del fin, aunque el terror que Alarico inspiraba, se desvanecería pronto. Ya desde ese año Roma no podía ofrecer condiciones favorables para el pacífico cultivo de las artes y las ciencias ni era una ciudad segura.

El emperador Honorio, ese hijo enfermizo del gran Teodosio y al que correspondía por herencia todo Occidente, movido por un celo mezquino hizo destituir de su cargo al gran general vándalo Estilicón, que sólo pudo presenciar, sin hacer nada, la ofensiva de Alarico contra Roma, refugiándose después en Ravena. Lo único que conservamos de Honorio es su tumba, junto a la de san Pedro. Este mausoleo fue construido en el año de la muerte del desgraciado emperador, en el año 425. Su hermana, Gala Placídia, viuda del malogrado general Constancio y regente de la parte occidental en nombre de su hijo Valentiniano III, no logró remontar con su peculiar energía, energía que el gobierno del imperio necesitaba en aquellos difíciles momentos.

Bajo mandato de Valentiniano III África fue conquistada por los vándalos e Inglaterra cayó en poder de los anglosajones. Sólo en las Galias se mantuvo el general Aecio, pero cuando los hunos, acaudillados por Atila, se volcaron en este país, únicamente la ayuda de los hermanos visigodos y francos —más o menos romanizados— permitió a Aecio obtener la famosa victoria en los «campos Cataláunicos», cerca de Troyes.

Ante esta debilidad del poder político los romanos se movieron y buscaron en el papado la autoridad moral y religiosa que les proporcionara —al menos— el lazo espiritual que fuera capaz de unirlos entre sí después de aquellas derrotas. Y lo encontraron. En Roma los ciudadanos se agruparon en torno a su obispo, cuya autoridad nadie cuestionó nunca, que al mismo tiempo era la única que no se tambaleaba en aquellos momentos. Fueron los papas hombres providenciales. Muy queridos. La mayoría eran romanos y por tanto se identificaron con un pueblo dolido de tantas desventuras.

León I el Magno, ¿fundador del Primado?

León I (a. 440-461) fue el hombre providencial. En él evocamos a nuestro papa León XIV. El primer "León" obtuvo, en prueba de admiración y gratitud, que se le impusiera el apodo de Grande o Magno. Sin embargo, sería un error —y algunos caen en él— ver en León I al fundador del primado. Esta institución, cuyos fundamentos se encuentran claramente en las tantas veces citadas palabras de Jesucristo, se fue desarrollando poco a poco, apareciendo con toda su plenitud en los días de León I.

La claridad con la que el primado romano se nos manifiesta obedece principalmente a la oposición entre Oriente y Occidente. En Oriente el poder imperial se había robustecido de forma inesperada, gracias sobre todo a la ilustre nieta de Teodosio el Grande, santa Pulqueria. Ella rigió el destino del imperio bizantino primero en nombre de su hermano, el piadoso, aunque débil, Teodosio II; más tarde en unión con él, y, finalmente, desde el año 450, en calidad de emperatriz, tomó como marido al anciano Marciano. El fortalecimiento interno del imperio romano de Oriente se puso de manifiesto en la recopilación de las constituciones de carácter general promulgadas desde los días de Constantino: codificación del derecho romano completada en el año 430 y que, bajo el nombre de *Codex Theodosianus*, tuvo vigencia también en Occidente. A pesar de esta obra maestra que unió jurídicamente ambos mundos (Oriental y Occidental), simultáneamente aparecieron profundas divergencias, aun en el interior del imperio oriental, en el ámbito religioso. Fue entonces cuando los orientales buscaron auxilio en Roma y de forma especial en el Papa.

El sermón de León I el día de San Pedro

León I nos dejó un célebre sermón en el que manifiesta la gran misión que Roma tiene para pacificar y unir a todos los pueblos.

Lo predicó el día de san Pedro y san Pablo: «Estos dos santos —decía dirigiéndose a la ciudad de Roma—, mediante los cuales te fue comunicado el evangelio y gracias a los cuales tú, Roma —siendo maestra en los errores— te convirtiste en discípula de la verdad. Fueron estos dos santos, padres y verdaderos pastores tuyos, los que nuevamente te fundaron, dejando detrás de ti una ciudad destinada al cielo, mucho mejor y más feliz que aquella otra encerrada en el recinto de tus primeras murallas y cuyo autor, el que te dio el nombre, te maculó ignominiosamente el nombre con el fratricidio. Gracias a tu nueva fundación has obtenido altísimas glorias, llegando a ser la ciudad elegida, sacerdotal y real. Como sede de san Pedro, lideras el mundo y has podido someter a tu autoridad, mediante la divina religión, a nuevos países, además de a los que antes dominabas. Adornada de múltiples victorias, en otro tiempo llevabas el cetro a través de tierras y mar, aunque no habías sometido a través de la guerra a tantos pueblos como has sometido ahora gracias a la paz del cristianismo. La divina providencia ha dirigido los destinos del imperio romano. Una multitud de estados fueron unidos en un solo imperio y vinculados entre sí, de modo que quedara la vía libre para la predicación del evangelio y la luz de la verdad, que empezó a brillar para la salvación de todos los pueblos, pudiéndose así efectuar con mayor eficacia la liberación de tanta gente, empezando por la cabeza y beneficiando a todo el cuerpo del mundo. La descendencia de los dos apóstoles —como una divina sementera—, engendró en nuestra ciudad, gracias a su generosa muerte y a la de miles de mártires cuyas sepulturas rodean la urbe. Todo un pueblo de hombres y mujeres que dieron testimonio con su sangre. De su resplandor el mundo entero quedó sorprendido. Son estos mártires como una esplendorosa diadema de piedras preciosas que la rodean» (*Sermón* 82).

El papado es un servicio. "Soy cristiano con vosotros y obispo por vosotros" según san Agustín

Parece que no era el deseo de poder lo que movía a León el Magno a pronunciar las palabras anteriores. Sabía muy bien que la autoridad de Papa era un servicio. Por eso no podía haber recelo entre él y el emperador. Es por eso que sencillamente expone las anteriores ideas teniendo ante él al mismo emperador sin ningún miedo a ser mal interpretado. La escena tuvo lugar en el año 450 y nos revela el cambio que las circunstancias históricas provocaron. Cuando el emperador Valentiniano III, en compañía de su esposa Eudoxia y de su madre Gala Placidia, fue a Roma el día 22 de febrero del citado año 450, se presentó al papa y León I pronunció la siguiente homilía: «Admirad como la primera y la más grande ciudad del mundo fue entregada por Cristo al gobierno de un hombre como Pedro, pobre y con pocos recursos. Los cetros de los reyes deben humillarse ante la madera de la Cruz y el púrpura de la corte debe someterse a la sangre de Cristo y de los mártires. El emperador, adornado con su brillante diadema y acompañado de innumerables guerreros, acude a solicitar la intervención del Pescador, a cuyos merecimientos atribuye más valor que a las piedras preciosas que recubren los ornamentos reales. ¡Qué misterio el de la sabiduría divina y qué obra milagrosa de la derecha de Dios! Los ricos pueden participar en los merecimientos de los pobres, mientras que los nobles y los poderosos se postran ante el sepulcro de un santo (Pedro) de condición humilde».

Tal era el espíritu adecuado para mantener la unidad y asegurar la dirección de la Iglesia universal en medio de los avatares de la política, y sobre todo para establecer un lazo de unión que abrazara íntegramente el ámbito del imperio romano de Occidente en el crítico momento en que sus distintas partes amenazaban con desarticularse. Era conveniente que Roma se convirtiera en el nuevo centro espiritual que necesitaba la nueva comunidad occidental: a ella recurrían todos buscando ejemplos y directrices para unir a los pueblos.

El Papa lo era todo en Roma

Este dominio papal lo vemos en muchos sectores, por ejemplo en las basílicas romanas, que serán después copiadas por todas partes, e incluso en "el estilo" literario del gran papa León. El lenguaje todavía muy esmerado de las actas que salían de la cancillería de León I, con sus cláusulas compuestas de acuerdo con determinadas leyes rítmicas, era imitado por los países occidentales en la composición de rezos litúrgicos y de otros escritos escogidos, haciendo posible su designación con el nombre *cursus leoninus*. Y aunque el conocimiento de estas reglas se perdió en gran parte, nunca se extinguió del todo y así lo vemos revivir en Roma en el siglo XI, dando al lenguaje eclesiástico un encanto peculiar que compensa lo que el idioma había perdido en belleza respecto al estilo clásico. Este cuidado en el uso del lenguaje, unido a la rima, nos impide ver en el latín del bajo imperio una lengua muerta; todo lo contrario, es necesario considerarlo como un idioma todavía vivo que, con su acento musical, da a los diferentes estados de ánimo la posibilidad de encontrar formas diversas de expresión.

Hay que añadir también que Roma ejerció su influencia —mediante su liturgia— sobre todos aquellos países donde la lengua latina era utilizada para la celebración de los divinos misterios. La necesidad de tener una recopilación de los rezos recitados por los sacerdotes de Roma en la celebración de la Eucaristía y de los sacramentos, dio lugar a la aparición de los *sacramentarios* romanos. El más antiguo fue erróneamente atribuido a León I, aunque hoy puede comprobarse que es del siglo VI. En él podemos estudiar la liturgia romana de la época (véase *Sacralia*, diccionario de J.Mª. Martí Bonet).

León I, el gran estadista

León I demostró poseer la clarividencia del estadista romano. Diríamos que fue el párroco de todo el mundo. Entre otras cosas, se propuso realizar abiertamente un plan de constitución metropolitana de la Iglesia, de modo que todos los obispos de una misma provincia eclesiástica dependieran de un único obispo metropolitano. Por encima de los metropolitanos estaban los patriarcas. Como patriarca de Occidente —el único— el papa tenía a sus obispos «vicarios» designados especialmente para regiones determinadas; el de las Galias era el obispo de Arles —ciudad que había reemplazado a Tréveris como centro administrativo del gobierno temporal del país—, y el de Iliria —que abrazaba la ex Yugoslavia y Macedonia— era el de la región o gran provincia de Tesalónica. Los respectivos poderes quedaban claramente definidos al proclamar León I que la «plenipotencia» de los metropolitanos y patriarcas radica en los principios establecidos por los Santos Padres (tradición), mientras que su primado (papado) es de institución divina, como explicamos por ejemplo en nuestro libro *Sinodalidad ayer y hoy en la Iglesia* (Barcelona 2022).

León I y Atila

Por encima de la gigantesca obra de León I cabe señalar el hecho inolvidable que mereció para este pontífice la gratitud de sus contemporáneos y que la imaginación popular no tardó en revestir de leyenda. Fue su intervención a favor de Roma en el episodio de Atila.

Atila se había convertido en el terror de Europa. Nadie era capaz de plantarle cara. Era "el azote de Dios", se decía de él y de su ejército, del cual sólo podía esperarse destrucción y cautiverio. Pero Aecio había conseguido que Atila no invadiera las Galias (Campos Cataláunicos). Retirado en Hungría, planeó durante el invierno del año 451-452 la invasión de Italia, de modo que en la primavera del 452 entró desaforadamente por toda Italia. Aquíleia fue saqueada, al igual que Milán, Pavía y otras ciudades del norte. El senado romano consultó al emperador Valentiniano III, quien, lleno de miedo, sólo se encontraba seguro en Ravena —ciudad protegida por los bizantinos—. Lo único que le podía parar los pies era una impresionante embajada encabezada por el papa León I. Junto a él fueron el cónsul "Albienus" y el antiguo prefecto del Pretorio, "Trifecius". Dicha embajada encontró a Atila en un campamento cerca de Mantua. Ignoramos cuáles fueron exactamente las consideraciones que le hizo León I al caudillo de los hunos. El aquitano Próspero —que escribió su crónica en tiempos de dicho papa— se limita a decir que se logró «lo que León esperaba del cielo con esa confianza que nunca abandona a los hombres piadosos». No faltan indicios según los cuales Atila no invadió Roma movido por el miedo a que, si así lo hacía, le sucedería lo mismo que le ocurrió a Alarico, que murió poco después de haberse apoderado de Roma. Es muy posible que el papa le sugiriera tal amenaza, haciendo referencia al gran poder de Pedro, príncipe de los apóstoles, quien estaba enterrado en Roma, y del cual él era sucesor. El hecho es que Atila abandonó Italia después de haber escuchado las palabras de los plenipotenciarios de Roma, y León I fue recibido en la ciudad como un gran liberador. Después —pero no antes del siglo XI— se quiso creer en una fantasiosa visión que tuvo Atila: la aparición entre nubes de los apóstoles Pedro y Pablo amenazando a Atila con una espada desenvainada. Así será representado por los artistas, como puede comprobarse en la famosa y memorable pintura de Rafael en las estancias vaticanas.

León I intervino de nuevo a favor de Roma en la invasión del vándalo procedente del norte de África Geiserico, a pesar de que en este episodio (29 de junio del 455) sólo se pudieron salvar del horrible saqueo las basílicas de Letrán y de San Pedro del Vaticano. Con su intervención acabó tan sangrienta crueldad. Mientras la emperatriz Eudoxia, junto con numerosos cautivos y un incalculable botín, eran trasladados por los vándalos a África, el papa conseguía permanecer en Roma, conservando intactos los tesoros de sus principales iglesias. Así los romanos se dieron cuenta de lo que significaba para ellos el papa y las tumbas de los apóstoles: el papado era el único capaz de sobrevivir a esta catástrofe.

La firmeza de ánimo con la que, en dos ocasiones, el papa intervino a favor de la ciudad desventurada, cuando ninguno de los emperadores era capaz de protegerla, aumentó considerablemente el prestigio del papado en toda la cristiandad. Si algo significaba Roma en aquellos tiempos, era ser la ciudad de los papas, de los sucesores de san Pedro, la viva reencarnación del apóstol que tenía las llaves del cielo. Al Papa se le llamaba "*Petrus revivus*".

¿Realmente había penetrado el cristianismo en la sociedad romana?

Pero la penetración del cristianismo y del papado entre una gran parte de los romanos, era —según afirma el propio León I— superficial. En uno de sus sermones, tras el saqueo de los vándalos, León I lamenta que muchos hayan olvidado el azote de los vándalos y deplora que sean tan escasos los asistentes a las ceremonias de expiación y de acción de gracias después de aquellos calamitosos días: «Me sabe mal decirlo —afirmaba León—, lo mundano y los demonios son objeto de mayor fervor que los santos apóstoles; espectáculos insensatos atraen al pueblo, más que las tumbas de los mártires. ¿Fueron, quizás, los circenses los que os salvaron de morir bajo la espada? ¿Acaso no habíamos merecido la ira de Dios sobre nosotros? ¿No fue evitada la muerte precisamente para que pudiéramos examinar nuestras conciencias y pedir perdón?» (*Sermón* 84). En ese mismo sermón nos dice que había quien afirmaba que la retirada de los vándalos fue efectiva gracias a la influencia de los astros, tratando así de difundir supersticiones paganas.

León I condenó igualmente una costumbre que provenía de los maniqueos: muchos romanos subían la escalinata de San Pedro del Vaticano de espaldas a la fachada para poder así adorar al sol naciente. El papa se opuso a este rito, y advirtió a los ignorantes de que el radiante disco solar era un reflejo de la majestad del creador, adorado dentro de la iglesia: Cristo es el verdadero "Sol".

El Papa pide a los aparentemente conversos que estén sólo satisfechos de abandonar el servicio a las divinidades paganas: «No es de ningún provecho que nos sintamos seguros en la libertad de la fe, si no sabemos oponer resistencia a los deseos depravados. El corazón del hombre se manifiesta en la calidad de sus obras o en la maldad de sus actos» (*Sermón* 36).

Hay que reconocer que la regeneración de las costumbres era particularmente difícil en ese período de continuos trastornos que constituían las últimas convulsiones del moribundo imperio romano. Elegido un emperador, ya podía temer su inmediata muerte —no natural— o la inexorable deposición. Cuando el general Orestes proclamó emperador a su hijo Rómulo Augústulo, que no era más que un niño, los mercenarios germánicos declararon no querer actuar más si no estaba al servicio de sus propios intereses, y exigieron una reforma de la ley que regulaba los alojamientos militares, con la garantía de que sería mantenida. Esto implicaba que el propietario romano debía ceder un tercio de su casa, no ya en usufructo —como era costumbre antes— sino en plena propiedad. Como es obvio, los romanos se opusieron a tal pretensión; sin embargo un tal Odoacro, aprovechando el descontento de todos, se proclamó rey de Italia. Odoacro hizo abdicar de la dignidad imperial a Rómulo Augústulo enviando simbólicamente las insignias imperiales a Oriente. Todos los pueblos romanos de Italia y Occidente quedaron sometidos a reyes de raza germánica. El imperio romano occidental prácticamente se había desvanecido.

Pero en Occidente ni los propios ciudadanos romanos fueron conscientes de la desaparición del último emperador, aunque este banal acto —que anteriormente hemos descrito— cerraba un período histórico. Los nativos de Italia y las Galias creían que la realeza de los caudillos militares germánicos era algo pasajero; especialmente los senadores romanos —que no eran sino unas figuras esperpénticas— esperaban en vano que el emperador oriental ahuyentara a los invasores germánicos de Italia. En las Galias y en Hispania, los nativos empezaron a pactar con los nuevos pueblos invasores y se intentaba una convivencia digna con ellos.

V

OROSIO, EL INQUIETO Y CLARIVIDENTE HISTORIADOR

Biografía de Orosio

Muy probablemente Orosio nació en el año 390 en Braga (Hispania). Pero algunos dicen que nació en la provincia Tarraconense. Era clérigo. Ha pasado a la historia como uno de los conocedores más insignes de los acontecimientos de los siglos IV y V. Fue un inquieto viajero. Especialmente son célebres sus dos viajes a Hipona, donde habló con san Agustín. En el primer encuentro con el obispo de Hipona (410-415) Orosio se informó de los errores priscilianistas, y discutió con el santo sobre el origen del alma. Agustín lo envió a Palestina para tratar con san Jerónimo; en Jerusalén polemizó contra Pelagio. De regreso, al no poder ir directamente a la península hispánica por miedo a las perturbaciones producidas por los invasores germánicos, pasó por Menorca y allí dejó unas reliquias de san Esteban. En una última estancia en Hipona (416-417), Agustín, que estaba redactando el *De civitate Dei*, le animó a escribir una historia universal, conocida en la Edad Media con el título *De Ormestu mundi*, en la que —como estudiaremos— se fijó más en las miserias de las guerras que en las luces. Tiene, por supuesto, un concepto providencialista de la historia. El *Commonitorium* contra los priscilianos y el *Liber apologeticus* contra Pelagio demuestran su capacidad de polémica teológica. Murió joven.

67

Orosio consuela a sus contemporáneos

Como hemos dicho, en el segundo viaje a Hipona, Orosio aceptó la iniciativa de elaborar una historia universal que quería ser el complemento del famoso libro *De civitate Dei* de san Agustín. Se trataba de demostrar a aquellos cristianos a quienes las calamidades de la época podían hacer dudar de la solicitud de Dios hacia el género humano, que en la humanidad pretérita habían ocurrido también grandes males; desgracias posiblemente peores —según afirma— a las de sus tiempos. Guiado por esta intención, Orosio escribe su obra histórica bajo el título *Siete libros de historia contra los paganos*, que en la Edad Media sería conocida como el *De Ormestu mundi*. Posiblemente lo escribió entre los años 417 y 418 mientras los visigodos se extendían y consolidaban su poder en Hispania. Pero la historia quedó inacabada.

Desde el punto de vista formal, la obra de Orosio merece nuestra atención por tratarse del primer intento de componer una historia universal cristiana. Si la comparamos con la historiografía de la antigüedad, el plan de la obra de Orosio constituye, sin duda, un gran progreso, ya que los historiadores antiguos siempre iniciaban sus obras bajo la influencia de los prejuicios nacionales. Y no es que Orosio no se encontrara fuera de estos prejuicios, pero su parcialidad es de otro tipo, ya que obedece a sus intenciones apologéticas. Valora excesivamente el consuelo que el estudio de la historiografía podía ofrecer en tiempos tan difíciles como lo eran los suyos. Resume los acontecimientos de forma superficial, y exagera, quizás, el volumen de las calamidades foráneas. Pero, sin embargo, en su obra no faltan pensamientos sorprendentemente nuevos que, en vano, buscaríamos en los anteriores historiadores.

Orosio en su historia expone con un dramatismo excesivo una serie de guerras y miserias. Esto le da pie para considerar que aquéllas fueron la causa de la expansión del imperio romano, pero, al mismo tiempo, señala la injusticia, especialmente de su política. Así, dice textualmente: «Mientras Roma es feliz y victoriosa, todo lo que está fuera de ella se encuentra sumergido en la desgracia y en la derrota. ¿Deberá amarse tanto esta gota de felicidad, tan laboriosamente conseguida, precio de las delicias de una sola ciudad, en medio de tantas miserias que trastornan todo el orbe de la tierra?» (*Libro V*, cap. 1).

Ciertamente se obtuvo la unidad de la civilización gracias —afirma Orosio— al imperio romano, y así en los frecuentes viajes que hizo él mismo hace patente las ventajas de una sola lengua y de una cultura; sin embargo, en el imperio no se puede encontrar la amistad tan deseada y nunca conseguida entre los distintos pueblos. Si hay unidad y amistad no se debe al imperio, sino al cristianismo. Estos valores quedan sintetizados en la nueva "comunidad de culturas" (hoy diríamos civilización). Afirma: «A los romanos me dirijo como romano, a los cristianos como cristiano, a los hombres como hombre. ¡Me dirijo al estado invocando la ley, a la conciencia invocando la religión, a la naturaleza invocando a la comunidad! Al pasar por cada país me beneficio de él como de una patria, puesto que la verdadera patria que yo quiero, no se encuentra en este mundo» (*Libro 5*, 2) (es el Cielo).

En los anteriores fragmentos de Orosio observamos que él considera un gran acierto y un feliz lazo la denominada por él «comunidad de culturas» (o «civilización»), fundamentada en los elevados ideales del cristianismo. Esto no nos autoriza a deducir que nuestro autor no poseyera sentimientos patrióticos. Al contrario, manifiesta una y otra vez su gran amor a su patria chica que le vio nacer (Hispania). Advertimos, pues, en su obra la aparición de un nuevo sentimiento nacional comparable, ciertamente, con la "comunidad de culturas" que abarca a los diversos pueblos; ésta, sin embargo, es incomparable a la soberanía del estado, tal y como la concibió y realizó el imperio romano al dar la espalda a las peculiaridades nacionales de cada pueblo. Con dolor Orosio recuerda a sus compatriotas que los romanos lucharon durante dos siglos contra sus antepasados (de Hispania) para quitarles la independencia y sus peculiaridades, incluso lenguas, similar a lo que sucedería en los pueblos americanos y la civilización hispana importada diez siglos después.

Ante los bárbaros, todavía había lugar para la esperanza

Dirigiéndose también a sus compatriotas de Hispania, Orosio deja entrever un pequeño resquicio de luz y esperanza, a pesar de las espesas tinieblas de las tribulaciones que sufrían. Es cierto que Orosio veía a los bárbaros con unos ojos distintos a otros escritores. Se tomó la molestia de hacer el elenco de todo lo bueno que tenían y de dulcificar los defectos que de ellos se decían. Los bárbaros no eran tan feroces ni tan inhumanos como se pintaban: «Permiten que se separen de ellos todos aquellos que no quieren vivir con ellos»; «empiezan ya a cultivar la tierra»; «tratan a los romanos que han sobrevivido a la invasión como aliados y amigos»... «de tal modo que encontramos en sus filas a bastantes romanos que prefieren vivir con los bárbaros, en libertad y pobreza, que a permanecer entre sus compatriotas sometidos a la opresión del pago de los impuestos. Las iglesias de Cristo, tanto de Oriente como de Occidente, ven incorporarse a muchos hombres procedentes de los hunos, de los suevos, de los vándalos, de los burgundios y de innumerables otros pueblos que pueden convertirse al cristianismo. A pesar de la fatal invasión y la derrota del imperio, hay que dar gracias a Dios y enaltecer la misericordia divina, ya que a causa de nuestra ruina tantas naciones han recibido —o pueden recibir— la Verdad y porque nos ha dado la oportunidad de ponernos en contacto con tantos nuevos pueblos que hubiesen permanecido totalmente desconocidos» (*Libro 7*, 41).

VI

HACIA EL NACIMIENTO DE EUROPA

Las ideas no iban solas; había unos hechos decisivos

Las ideas no iban solas. Fueron los hechos y las evoluciones históricas los que concretaron la concepción y alumbramiento de una nueva sociedad anclada en el núcleo del espacio geográfico del antiguo imperio occidental. Como hemos dicho, primero las conversiones al catolicismo de los pueblos bárbaros y posteriormente la fusión entre ellos y los pueblos invadidos prepararon el nacimiento de Europa. Después, la gran labor evangelizadora de Roma con las misiones de san Agustín de Canterbury y de san Bonifacio aseguraron los vínculos de la unidad con Roma y promovieron la universalidad gracias a la difusión del mensaje evangélico en las nuevas iglesias. La conjunción de la unidad con la universalidad seguirá siendo el paradigma de la nueva sociedad. Hasta aquí las causas internas de lo que podríamos llamar el nacimiento de Europa, pero las externas paradójicamente son causadas por dos rupturas, que al mismo tiempo motivaron la nueva unidad y universalidad de lo que después sería Europa. Nos referimos a la ruptura norte-sur, causada por la invasión islámica, y a la ruptura este-oeste, consecuencia tanto del Concilio de Trulano II (a. 692), como de la herejía iconoclasta. Tras estas rupturas, el papado se encuentra totalmente aislado. La universalidad de Roma se reduce a un pequeño núcleo de Italia. Pero el Papa acierta plenamente haciendo alianza con un nuevo pueblo: el franco. Esta alianza, convertida en teocracia, se desarrolla hasta llegar a convertirse en el imperio de Carlomagno, que fue el pilar fundamental de la nueva sociedad que llamamos Europa. Así pues, se reencontraba de nuevo la universalidad del imperio y la unidad en la fe. Ahora la nueva civilización podía proyectarse hacia el futuro.

Otros factores ayudaron o fueron también causas del alumbramiento de Europa, pero ninguna puede destacarse con tanta importancia como la coronación imperial de Carlomagno, bandera y símbolo, con sus aciertos y defectos, de los inicios de Europa. Obviamente, la Europa que surge en el siglo IX difiere de la Europa de la última década del siglo XX; sin embargo, ambas tienen unos rasgos comunes que justifican una única identidad, y por tanto también una válida continuidad. La Europa naciente del tiempo de Carlomagno y la Europa Unida que deseamos para nosotros, coinciden en conservar los pilares básicos de la civilización romana: una gran vocación de universalidad y un generoso compromiso de fraternidad y unidad en el marco que dicta el respeto a tantas culturas, naciones, lenguas y tradiciones que alberga la realidad europea; al menos ésta era la visión que se tenía hace unos años de la tercera década del siglo XXI.

¿El fin del impreio romano representa el fin del mundo?

Después de haber actualizado el pensamiento de los que llamamos "las grandes columnas de Europa" (san Agustín, san León I el Magno, y el historiador Orosio —sin olvidar a san Ambrosio y san Benito—, bueno será que constatemos los hechos que marcan una evolución que nos sitúa necesariamente en el nacimiento de Europa y no en el fin del mundo.

Hemos dicho que la base de la civilización romana fue saber conjugar armoniosamente la universalidad y la unidad, el *orbis* con la urbe. Estos dos grandes valores fueron totalmente asimilados por la iglesia latina. Por eso, ante la dispersión que provocaron las invasiones de tantos pueblos bárbaros, sólo la Iglesia fue capaz de mantener las pautas de la romanidad. La iglesia recibió ciertamente del imperio la concreción de la unidad y universalidad gracias a la estructura y división en provincias y diócesis bajo el imperio romano. Sin embargo, cabe constatar que ya desde dentro, por voluntad expresa de su fundador, la Iglesia tenía vocación de ser una y universal.

Ya en el siglo IV el imperio romano, al convertirse al cristianismo, fue un instrumento para la universalización de la Iglesia. Era el imperio quien suministraba algunas de las formas exteriores según las cuales se estructura y organiza la Iglesia. Ésta, no en vano, a pesar de las persecuciones, había crecido en las entrañas mismas de la civilización antigua (grecorromana) y cuanto más aumentaba la participación de los cristianos en la vida cultural, mayor era la estima que aquella cultura se merecía. De ahí el gran trauma que supusieron las invasiones bárbaras en el imperio romano ya convertido al cristianismo. Recordemos que en el año 381 Teodosio I el "Magno" constituyó el cristianismo como religión oficial del imperio romano.

La posible desaparición de la civilización antigua no ofrecía a los romanos —la gran mayoría ya cristianos en el siglo V— ninguna otra perspectiva que la anunciada por la biblia, o sea el fin del mundo. Recordaban la interpretación dada al sueño de Nabucodonosor: Una imagen con cabeza de oro, pecho y brazos de plata, cintura de bronce, piernas de hierro y pies de hierro y arcilla; toda ella quedó pulverizada. Los autores patrísticos, aun san Jerónimo, en sus comentarios al profeta Daniel habían visto proféticamente representados cuatro reinos terrenales: el imperio de Babilonia, el medopersa, el macedonio con los sucesores de Alejandro Magno y, por último, el imperio romano. Era, pues, éste el último reino posible antes del fin del mundo. Esto significaba que era necesario que el imperio romano continuara hasta los últimos días de la existencia del cosmos. Una vez terminado éste, empezaría el denominado reino de los bienaventurados. Se encontraban, pues, con un hito importantísimo. Los optimistas creían que todavía era muy lejano, y por tanto les parecía que el imperio y el mundo terrenal perdurarían durante muchos siglos, y los pesimistas, más numerosos, al ver que el imperio se derrumbaba aseguraban que el fin de los tiempos era inminente. Esta forma de pensar fue confirmada por la división de la historia en períodos que encontramos con frecuencia entre los primeros escritores cristianos. Esta división se fundamenta en la interpretación alegórica de los seis días de la creación del mundo, a los que era necesario que correspondieran seis períodos históricos. El sexto o último de ellos había empezado con la venida de Cristo, y a continuación seguiría un período terminal correspondiente al sábado paradisíaco: la época del descanso de Dios, precedida del juicio universal. Con ese descanso final, algunos escritores relacionaban el capítulo vigésimo del Apocalipsis, donde se dice que el enemigo Satanás será encadenado durante mil años. Así fue como se fueron desarrollando las ideas quiliásticas, tan difundidas durante los siglos IV y V; sin embargo, muchos hombres de aquel tiempo eran escépticos en cuanto a estas ideas, ya que no veían la victoria anunciada en el Apocalipsis llevada a cabo por Cristo. Pero en la práctica todo el mundo se preguntaba: "¿qué es lo que Dios se propone hacer con el imperio romano?". Ciertamente presentían que la entrada de Alarico a Italia o el paso del Rin por los bárbaros en el año 406 u otros acontecimientos podían ser el comienzo de algo nuevo e inaudito, pero nadie podía pensar que los sucesores de los romanos lograrían levantar una nueva civilización con el esfuerzo de los mismos pueblos que en aquellos tiempos estaban plenamente sumergidos en la barbarie.

Tampoco se advertía la separación de Oriente y Occidente; por el contrario, los occidentales se aferraban cada vez más al reducto intelectual e ideológico de Oriente. Lactancio había profetizado que el nombre romano desaparecería, pero que el imperio sería restituido a los Orientales, los cuales someterían Occidente (véase *Institutiones divinae*, VII, 15). Y, más aún, después de la extinción del imperio occidental, en el año 506, Símaco escribió al emperador de Oriente Anastasio unas palabras a menudo citadas, y en las que, a propósito del sacerdocio y el imperio, se dice que uno y otro fueron instituidos a favor del género humano para siempre: ¡son eternos! (Véase *Epistolae Romanorum Poruificum*, ed. de Thiel 1989, p. 703).

San Agustín, Orosio y san Benito

Ante tanta perplejidad, debemos reconocer que los pensadores eclesiásticos latinos, concretamente san Ambrosio, san Agustín, san León Magno, Orosio, san Benito…, acertaron al dar esperanza y preservar intacto el genio de la romanidad, aunque no faltó alguna otra deficiencia humana. Fueron verdaderos puentes entre la cultura romana y la nueva de Europa. Fijémonos, por ejemplo, en Orosio, historiador nato en Hispania a finales del siglo IV, y en san Benito, declarado patrón de Europa. De san Benito tenemos un amplio estudio en nuestro libro E*cclesia. Historia de la Iglesia en 100 temas* (Barcelona, 2021), pp. 335-347. Se demuestra que tanto sus monjes como su regla irradian la Europa naciente.

De Orosio sabemos que era muy amigo de san Agustín, al que visitó frecuentemente. En la última estancia en Hipona (a. 416-417), san Agustín, que estaba redactando el *De Civitate Dei*, le anima a escribir una historia universal que quería ser el complemento de la citada obra *De Civitate Dei* del obispo de Hipona. El título es *7 libros de historia contra los paganos*, que en la Edad Media se conoce —como antes hemos dicho— bajo el título *De Ormestu mundi*. Recordemos que hemos dicho que en esta obra Orosio afirma que la unidad y universalidad de esa cultura se deben al imperio romano. Él personalmente, en sus numerosos viajes por todo el *orbis* romano, ha palpado las grandes ventajas de utilizar en todas partes una sola lengua y de sumergirse en una sola cultura. En su propio país (Hispania), a pesar de las invasiones constantes, la cultura y la lengua romanas están establecidas así como otras culturas nativas, muy vivas por cierto, que denomina "inferiores". En Hispania conviven la cultura oficial romana y las propias de la península. Sin embargo, Orosio no encuentra en el mundo romano la amistad tan ansiada y nunca plenamente alcanzada entre los distintos pueblos que forman el imperio. Esta amistad o *communio* no procederá de los gobernantes, sino de la Iglesia. Gracias a ella se producirá, según Orosio, la nueva comunidad de culturas en la que se respetarán los rasgos culturales fundamentales de todos los pueblos. Sólo la iglesia puede provocar y estimular esta comunidad o "comunidad de culturas".

La contribución de san Benito y su regla

Fijémonos también en san Benito. Muy acertadamente el papa san Pablo VI, con la carta *Apostolica Pacis nuntius* del 24 de octubre de 1964, lo declaró patrón de Europa. Es cierto que su contribución a hacer nacer una nueva sociedad, la europea, resultado de la fusión de los pueblos romanos con los godos, fue decisiva. Nacido Benito en el mismo corazón de Italia, en Nursia, alrededor de los años 480-490, se encarnó en él el espíritu romano; sin embargo siempre estuvo abierto a los valores de aquellos pueblos, los godos, que ya convivían con los romanos en la península de Italia. Benito fue educado en Roma e incoa la vida eremítica en la región de Subiaco, donde reunió discípulos, y después se trasladó a Cassino. Allí fundó el célebre monasterio y escribió la Regla: libro de una trascendencia decisiva en la construcción de Europa. No podríamos imaginar la Europa medieval sin los monasterios ni sin la influencia que tuvo la Regla. Señalamos también, que esta obra de san Benito resumió en gran medida el genio romano.

Existían antes de la Regla de san Benito otras ordenanzas monásticas en Occidente. Al compararlas con la del fundador de la orden benedictina, sorprende que muchas de sus prescripciones se encuentren en las reglas precedentes. De esta observación se ha querido deducir que la importancia o trascendencia de la Regla no procede de sí misma, sino de la conjunción de un cúmulo de circunstancias históricas quizás casuales. Esta afirmación es incorrecta, puesto que si bien es cierto que aquellas circunstancias fueron favorables, el elemento más decisivo fue el rasgo fundamental que supo darle el legislador de la vida monástica de Occidente: Benito, conectando siempre con las más genuinas virtudes de la antigua Roma: espíritu práctico, concisión, prudencia administrativa... todas ellas unidas entre sí. Pero el factor decisivo fue, sobre todo, el espíritu que se revela en la Regla: un espíritu tan fecundo, que partiendo de la propia persona del fundador, logró perdurar en una tradición viva.

Como es obvio, en la Regla de san Benito las disposiciones y exhortaciones están totalmente dedicadas a ordenar la vida cotidiana en el monasterio en base a la ejercitación de las virtudes monacales. Se trata, en realidad, de un método e invitación a la perfección moral del monje. La precisión con la que se formulan los preceptos de esta moral práctica, que hacen pensar en los preceptos más notables del mundo romano, unida a la exaltación de la vida en común, se debe a su trascendencia histórica. En esto, parece como si la Regla perdiera su carácter esquemático para convertirse en una norma de conducta aplicable a ambientes distintos pero a la vez muy coincidentes en los fines peculiares de los monjes. Es perfectamente aplicable a todos los monasterios y en los lugares más diversos: he aquí el gran mérito de la Regla. Benedicto ha plasmado el espíritu del cristianismo y al mismo tiempo lo ha hecho con una conexión del más notable talante de los romanos. Por tanto se convierte a través de los monjes que la viven en un eficaz instrumento de transmisión de la civilización romana-cristiana, aplicable aun en los ambientes de los pueblos godos.

Las finalidades de la Regla se mencionan muy brevemente: la práctica de las virtudes tiene una cima a la que es necesario que el monje tienda. Este hito no es otro que el que también proponen la Sagrada

Escritura, la vida de los Santos Padres y la tradición cristiana. La finalidad de la Regla no es distinguir a los monjes de los demás cristianos, sino que éstos vivan una vida cristiana ejemplar en comunidad dentro del monasterio. O, como dice san Benito, los monjes deben formar una *schola Domini servitii*. Pero observemos que la palabra "*schola*" no se puede traducir por "escuela" o "lugar de enseñanza", sino por el equivalente a *schola* del palacio imperial; o sea, a un cuerpo de soldados, una tropa, una milicia espiritual que voluntariamente se somete a una disciplina muy estricta, equilibrada, sin embargo, por la figura del abad que es considerado un verdadero *Paterfamilias* de los romanos. Nos encontramos de nuevo que conecta con la romanidad. La institución del *Paterfamilias* está todavía viva y con gran vigor en la época de san Benito, al menos en su región, Umbría, que se sustentaba en el mismo derecho romano. El *pater familiae* lo era todo, de ahí que no falten autores clásicos romanos que dicen que "el padre" estaba revestido de una "majestad paterna". El abad o *Paterfamiliae* del monasterio es el verdadero señor de su propia comunidad, el indiscutible dueño de casa (*domus*) al que todos deben tratar de señor y de padre. Ninguna otra regla monástica de las que más tarde irán apareciendo en Occidente exalta tanto la figura del superior o, si se quiere, el principio de autoridad monástica. Sin embargo, este padre, según la Regla no sólo es el dueño y señor, sino también el "*pius pater*". El abad debe ser muy solícito, para con todos sus hijos, a fin de proporcionarles la felicidad y la paz que siempre deben florecer en la familia monástica, embellecida por el mutuo cariño de sus miembros. El abad hará posible que todos los monjes del monasterio se encuentren bien en él. Es necesario que la paz, la armonía y la felicidad reinen siempre en esta familia. Esto debería ser, después, en Europa el ideal vigente.

*   *   *

Las sencillas reflexiones que hemos presentado sobre la Regla de san Benito pregonan por sí mismas la fuerza de influencias que podían ejercer en aquella sociedad tan sacudida por perplejidades y divisiones. Era todo un programa aplicable no sólo a los monasterios sino a cualquier grupo cristiano. Y así sucedió. Difícilmente se hubiera dado una sociedad teocrática y arraigada en los valores de la romanidad si no hubiera existido la gran figura de san Benito y su Regla.

Verdaderamente, después de la gran y beneficiosa expansión de los monasterios benedictinos, debemos reconocer que san Benito es el protector o el patrón de Europa; así ha sido declarado.

En la Iglésia latina los pueblos se fusionan

Orosio no podía imaginar que en el transcurso de dos siglos no sólo se daría una comunión de culturas, sino una auténtica fusión de los pueblos romanos con los invasores. Es uno de los fenómenos históricos más sorprendentes y que posibilitaron el posterior nacimiento de Europa. Pero aquí la Iglesia también tuvo un papel decisivo. Y no es nuestra intención hacer una apología del papado o de la Iglesia, sino tan sólo constatar unos hechos. Ésta es sinceramente nuestra intención.

La práctica totalidad de los pueblos invasores godos profesaban el arrianismo. La iglesia arriana estaba perfectamente organizada con su jerarquía, legislación, concilios, catedrales, biblia traducida por Úlfila, etc... pero era incapaz de realizar una misión tan decisiva como la de ser el elemento catalizador de la fusión de los pueblos y culturas. Muchos fueron los intentos —todos ellos fallidos— de fusión a través de soberanos godos arrianos. Recordemos en primer lugar la quimérica política de Teodorico el Grande (a. 454?-526) rey de los ostrogodos en Italia, y, en Hispania los intentos de Ataulfo y Leovigildo de crear un reino unido, conservando los dominadores una religión (la arriana) diferente a la de los dominados (la cristiana).

Después, pues, de un examen del proceso de fusión de los pueblos godos, debemos constatar que no se da una perfecta comunión entre aquellos y los romanos si previamente no abjuran del arrianismo. Esta herejía suponía un factor desintegrador de la fusión; precisamente porque sus raíces dogmáticas iban en buena medida en contra del mismo concepto de cultura existente entre los siglos V y VII. Los arrianos negaban el dogma de la Trinidad, y afirmaban que Jesucristo no era Dios, contra el dogma de la consubstancialidad de las tres personas (Padre, Hijo y Espíritu Santo).

Entre los cristianos, si se presenta a Jesucristo solo hombre, no Dios, aunque sea un héroe, falla el motivo principal y el estímulo de progreso, y Dios se convierte en un concepto apartado de nosotros que difícilmente podría ser motor de cultura. La encarnación de un Dios y la integración de los hombres en Él es el fundamento de la cultura cristiana. Necesariamente los godos arrianos debían convertirse al catolicismo si querían fusionarse con los romanos nativos, que ya se habían convertido hacía algunos siglos en la auténtica ortodoxia romano-cristiana. Los romanos de estos siglos de transición, aunque con muchas deficiencias, mantenían en sus creencias los resortes culturales de la antigua civilización. Por tanto, la fusión de los pueblos romano-godos fue posible gracias a la Iglesia católica, la cual ultra conservar las esencias de la civilización grecorromana, había heredado del imperio la estructura territorial y mantenía en lo más profundo de su convencimiento la vocación de ser una y universal.

Dos procesos de fusión de dos pueblos: el de los francos y los de Hispania

Comparemos ahora los dos procesos más claros de fusión de pueblos: el de Francia y el de Hispania. En primer lugar debemos observar que casi existe un siglo de diferencia entre la conversión de Clodoveo (a. 496) y la de Recaredo (a. 589).

Clodoveo recibió el bautismo el día de Navidad del año 496 de manos de su amigo el obispo Remigio. La abjuración del arrianismo del pueblo franco fue muy rápida. Todos los pueblos de la antigua Galia romana, y especialmente la Iglesia católica de aquellas regiones, aplaudieron entusiásticamente primero la conversión del rey franco y después las victorias de la joven nación, atribuidas a la nueva condición cristiana de Clodoveo. He aquí algunos textos significativos, exultantes y llenos de manifestaciones de lo que hoy llamaríamos identidad nacional; ¡Viva Cristo que ama a los francos! Dios guarde su reino, llene a sus gobernantes de la luz de su gracia. Proteja en Cristo el espíritu de los francos. Conserve los cimientos de su fe. Les conceda alegría y tiempos prósperos, Él que es Rey de los reyes, Jesucristo. El propio rey Clodoveo es consciente de que en su reino hay fuertes sentimientos de identidad nacional como consecuencia de haber abrazado al cristianismo: No puedo consentir por más tiempo —afirma el rey— que estos arrianos sigan dominando una parte de las Galias; marchemos, pues, contra ellos con la ayuda de Dios y una vez vencedores, nosotros estableceremos nuestra dominación sobre el país. (Véase Gregorio de Tours, *Historia Francorum*, libro II, 37). Gracias a la unidad en la fe cristiana y a la mutua integración alcanzada de los elementos franco-romanos, el reino de Clodoveo se convirtió en el más homogéneo de todos los reinos aparecidos sobre el antiguo territorio del imperio de Occidente. Y por eso será llamado a participar en la importante alianza con el papado a mediados del siglo VIII.

En 1989 participábamos en un congreso internacional de Toledo que conmemoraba el XV centenario del III Concilio de Toledo. En este congreso expusimos en una ponencia la fusión de los pueblos romano-visigodos en la península. Ciertamente éste es un hito muy importante en la historia de España. Sin embargo, el proceso en Hispania fue muy diferente al que hemos esbozado de los francos. Recordemos, por ejemplo, lo que decía Orosio de Hispania: ni el dominio romano había logrado desvanecer los rasgos culturales de los pueblos incrustados en esa península. La misma fusión de los pueblos de Hispania después de la conversión de Recaredo fue más superficial que real. Y lo que es más importante, en Francia no sufrieron la ruptura de la invasión islámica. En Hispania una conciencia plena de su identidad no se produce hasta la reconquista, y todavía debemos decir que no es conciencia de un solo reino sino de tres o cuatro bloques o reinos independientes entre sí y a su vez hermanados en la tarea común de la reconquista.

Las rupturas este-oeste y norte-sur

Cuando todo parecía propicio para que se iniciara un proceso de consolidación de los pueblos romano-godos ya fusionados, dos acontecimientos provocaron a finales del siglo VII que se rompiera la unidad de dichos pueblos bajo el signo de una única fe. Nos referimos a la invasión del Islam en el sur del Mediterráneo y a la separación efectiva de Oriente y Occidente. Prácticamente la unidad y universalidad, paradigmas de la civilización, quedaron reducidas a pequeños núcleos de Italia, Francia y en el norte de Hispania, dejando Bizancio con la preocupación de la autodefensa y con un estéril intento de grandeza. Precisamente en lo que se refiere a las relaciones entre Roma y Bizancio, el occidente cristiano no podía aceptar un absoluto desprecio de las tradiciones latinas y de sus Santos Padres como proponía y exigía *manu militar* el concilio Trulano II celebrado en Constantinopla en el año 692, donde se despreciaba ignominiosamente la iglesia de Occidente. Tampoco la iglesia latina comprendió nunca el significado de la controversia iconoclasta. ¿Cómo es posible, se preguntaban, que una iglesia tan expresiva y amante del arte de los iconos cayera en el rechazo al culto a las imágenes? ¿Por qué una controversia tan inútil y estéril? En definitiva, los occidentales veían que esa herejía no era otra cosa que una reminiscencia del puritanismo monofisita. Los orientales cayeron de nuevo en la trampa de su propio bizantinismo. Pero lo más grave es que se quería imponer violentamente esta herejía en la iglesia latina. Y así, después de «infructíferos intentos», el emperador bizantino León III Isáurico (a.

732) separó definitivamente Oriente de Occidente, dejando al Papa solo y desamparado. Así pues, Roma y todos los obispos de Occidente permanecerían a partir de ahora abocados a su suerte, o mejor dicho a su mala suerte. Fueronexpulsados del imperio. Desgraciadamente esta ruptura se confirmaría durante los patriarcados de Focio (a. 863) y de Miguel Cerulario (a. 1054). Muchos recordarían por aquel entonces la profecía de Daniel. ¿Significaban estos acontecimientos el fin del mundo?

Mucho más grave fue el desgarro entre el norte y el sur de la cuenca mediterránea. El *Mare nostrum* fue el eje de la civilización romana. Sin embargo, Mahoma invade toda la península de Arabia y sus sucesores extienden su subyugamiento desde las puertas de la India hasta la propia península hispana. En el siglo VIII, después de las invasiones de los árabes, las iglesias que eran "la flor y nata" del cristianismo (las que florecieron durante tantos siglos en el norte de África) serían destruidas, arrasadas... De las iglesias de Cartago, de Alejandría, de Antioquía... ya no se hablaría más. Fueron aniquiladas, prácticamente borradas de la geografía del norte de África.

Se ha dicho que el Islam fue tolerante con el cristianismo. El mismo Mahoma tenía un concepto de Jesucristo suficientemente elevado, aunque rechazara la divinidad del hijo de Dios. Pero hay que reconocer que, sin embargo, en el sur del Mediterráneo la invasión islámica fue fatal para el cristianismo. Quizás podemos encontrar una causa de esta derrota en el "cierre originario" de la religión predicada por Mahoma: no se puede comprender que aquellos fanáticos invasores aceptaran una convivencia pacífica con los cristianos, cuando en las mismas raíces del Islam está el concepto de Guerra Santa. Es cierto que este concepto de violencia choca con la espiritualidad profunda que Mahoma sabe plasmar en El Corán; sin embargo los veintisiete aleyas o versículos que hablan de la gran empresa musulmana, que es la *yihad* o guerra santa, contrastan con la finura espiritual que el Corán transmite a todos los que con respeto leemos el libro fundamental de Mahoma.

La guerra santa se ha concebido como un deber divino fundamental. En algún momento de la historia las cinco columnas de la fe islámica (1/ confesar a Alá como único Dios y Mahoma como su profeta; 2/ la oración; 3/ la limosna; 4/ el ayuno del Ramadán; y 5/ la peregrinación a La Meca una vez en la vida) han sido aumentadas con una más: Ésta era tan importante que tenía el poder de dispensar de todos los demás deberes religiosos, por muy importantes que fueran. El musulmán, en este marco, ha dividido el mundo en dos grandes partes que se oponen y están en tensión constante, una frente a la otra: el *dar alislam* es la zona donde domina el Islam (la zona de los salvados y de quienes poseen la gracia de Alá) y la zona denominada *dar alharb*. Forman parte de ésta los infieles a los cuales los musulmanes deben salvar dominándolos: es la zona de guerra.

Lamentamos y constatamos que el Islam llevaba ya en sus orígenes gérmenes de no entenderse con el mundo cristiano. Sólo en Hispania hubieron algunos tiempos de convivencia. Pero hay que decir que éstos fueron esporádicos y nunca se llegó a una auténtica fusión de pueblos como la que dos siglos antes entre los godos y los romanos.

La alianza entre el Papa y el reino de los francos

Paradójicamente, las dos rupturas (norte-sur y este-oeste) que tan brevemente hemos expuesto, provocaron un intento de reencontrar la unidad y la universalidad de lo que quedaba del imperio romano occidental. Presentaremos a continuación también brevemente los rasgos más notables de esta importante evolución que nos conducirá al nacimiento de Europa.

Como hemos dicho, el Papa permanecía aislado y era rechazado de malos modos por un decreto imperial (de León III Isáurico) de Bizancio. Obviamente no podía recibir la protección de los longobardos, último pueblo bárbaro que invadió el norte de Italia y que todavía era arriano. También en el sur de Italia —e incluso en Roma— frecuentaban las amenazas de feroces incursiones de los árabes. También debemos tener presente que, a mediados del siglo VIII, la iglesia occidental estructurada quedó reducida a pequeños núcleos: en el centro y sur de Francia, y en algunas regiones de Italia que no estaban dominadas por los sarracenos ni por los longobardos. Inglaterra y Germania con el norte de Europa fueron de nuevo paganizadas. En Hispania, los cristianos contrarios al Islam presentaron oposición en los pequeños núcleos del norte (Covadonga, San Juan de la Peña, Pirineos...). Estas regiones eran, pues, los pequeños reductos geográficos de la que podríamos denominar civilización romano-gótico-franca. Pero dejemos hablar los hechos. En el año 741 era elegido Papa un griego llamado Zacarías, y precisamente en este siglo VIII, o sea en el 750, se produce el primer acto de reconocimiento mutuo entre el papado y el reino franco. Este año, en un lugar desconocido de Francia, se reúne Pipino el Breve con los nobles del reino. Pipino el Breve era el mayordomo —hoy diríamos el primer ministro— de la casa real merovíngia gobernada por Xilderico III. En esta reunión se hacen una pregunta de compromiso: ¿Por qué no se constituye rey al mayordomo, si los reyes merovingios de hecho no gobiernan y se pasan todo el día haciendo el vago, mientras él, Pipino, tiene toda la responsabilidad del reino? Por derecho merovingio no podía convertirse en rey quien no fuera miembro de la familia reinante. Por eso era muy difícil conseguir lo que se proponían a favor de la casa de los mayordomos. Alguien de la asamblea recordó que en el año 740 el Papa envió al mayordomo de palacio el nombramiento de "cónsul" y las llaves de san Pedro, junto con una petición de que los francos ayudaran al Papa contra sus enemigos. Con diez años de retraso, los francos contestaron al Papa, pero con una pregunta: ¿quién debe ser rey; el que tiene el título o el que de hecho tiene la potestad de serlo?, ¿el que no hace nada o el que tiene sobre sus hombros los graves negocios del reino?

El Papa "iussit" que "Pipinus" sea rey y lo será "por la gracia de Dios"

Sabemos que, sorprendentemente, el papa Zacarías contestó a las preguntas anteriores de los francos. Sin ningún tipo de restricciones, dijo: Es necesario que sea rey quien gobierna y quien tiene el poder. «El Papa —siguen las fuentes— mandó (*iussit*) que Pipino fuese hecho rey para que así no se perturbara el orden moral».

Sin embargo, las fuentes no nos dicen quién lo constituiría realmente rey ni tampoco si haría falta que previamente fuera elegido por el pueblo o por los nobles. El hecho es que en el año 751, gracias a la respuesta y *iussio* del Papa, Pipino fue elegido y ungido (por los obispos) rey de los francos, y Xilderico III fue encerrado en un monasterio; de él no sabemos nada más.

Ante estos hechos habrá que preguntar: ¿por qué inquieren al Papa quién debe ser rey? En el derecho merovingio, como hemos dicho, no podía convertirse en rey quien no fuera miembro de la familia reinante, y al mismo tiempo que no fuera elegido por esta familia que ostentaba la representación del pueblo. Y en la familia era necesario que fuera el primogénito. Se observa que, según el derecho merovingio, en la constitución de un rey intervienen tres elementos: 1/ el "*ius stirpis*" (derecho de la familia); 2/ el "*ius* de la herencia", o sea el ser primogénito; y 3/ la elección del pueblo (de sus representantes, en este caso, la propia familia). En primer lugar, era necesario devolver al pueblo el derecho de la elección, prescindiendo de la familia real. Obviamente el mayordomo logró la elección por parte del pueblo ahora representado por los nobles. Pero los otros dos elementos de elección (el "*ius stirpis*" y el "*ius* del primogénito") no se podían cumplir. Por eso Pipino el Breve y la citada asamblea creyeron conveniente apelar a la máxima autoridad moral del mundo, el Papa, a quien denominan "el oráculo divino" y "vicario de san Pedro".

Hemos dicho que la respuesta del papa Zacarías no fue una recomendación, sino un mandamiento: «mandó (iussit) que Pipino fuera hecho rey». Es cierto que el candidato no tenía los derechos de familia y de la primogenitura, sin embargo el Papa afirma que existe un derecho superior que puede suplirlos perfectamente: es el derecho que procede de la idoneidad. Éste es más noble que los anteriores, ya que el *derecho stirpis* y el de ser primogénito proviene de los hombres, en cambio el de idoneidad proviene de Dios. En caso de conflicto, hay que seguir a Dios antes que a los hombres. ¿Quién tiene —continúa el Papa— el derecho de idoneidad? Aquel que posea el poder efectivo y la buena voluntad; así el *ordo non conturbatur*. O sea, no puede haber oposición entre el orden (o derecho) divino y el orden (derecho) humano, puesto que el primero prevalece sobre el segundo.

Es muy interesante observar que se pasa del nivel de pregunta o consejo, al nivel de mando, y que existe una conciencia clara de que el Papa, como vicario de san Pedro, es el "oráculo divino" que tiene autoridad para interpretar el derecho divino y el humano, y por supuesto el derecho eclesiástico. No podría pensarse años atrás que un Papa fuera tan lejos en un asunto puramente político. Se ha producido un gran cambio. Ha habido una superposición de la esfera eclesiástica sobre la civil.

Sin embargo, no acaba aquí la importancia de este episodio. Continúa el mandamiento del Papa dirigido a los nobles del reino franco: Zacarías concluye su respuesta afirmando que el nuevo rey debe ser ungido. Desde ese momento la unción es un nuevo elemento constitutivo que puede llegar a suplir el derecho *stirpis*. Es como si el mismo Dios consagrara mediante la unción al nuevo rey y a toda la familia. Ya no será sólo la carne, sino también el mismo Dios, quien avale la constitución real. Con la unción se introduce una acción sacra. Por eso el nuevo rey será llamado rey "por la gracia de Dios". La unción se convierte así en la constitución de los reyes francos y germánicos, un nuevo elemento cuya importancia irá en aumento y formará parte de la ceremonia de entronización real.

La acción sacra de la unción coloca a los reyes sobre los laicos y a un nivel casi igual que el del Papa, los obispos y presbíteros. Por la unción el rey ingresa en la esfera del orden sacral. Carlomagno, por ejemplo, una vez ungido, él mismo se llamará *sacerdos et episcopus*, y no faltarán teólogos, adictos al rey, que afirmarán que los reyes ungidos pertenecen a la orden sacerdotal, al menos en el nivel de los diáconos. Así Federico Barbarroja leerá frecuentemente el evangelio en ceremonias litúrgicas e incluso predicará. Todo esto nos recuerda los intentos de hoy en día (a. 2025) para que algunas mujeres sean ordenadas "diaconizas" por lo menos.

También cabe decir que, basándose en la unción, la teocracia real podrá desarrollarse. Y no es atrevido admitir incluso que gracias a la unción se darán argumentos para la práctica de la investidura laica que tantos quebraderos de cabeza produjo en la Iglesia (recordemos la Reforma gregoriana).

Otra consideración muy importante es observar el papel activo que toman quienes ungen, es decir, los obispos o el Papa. Estos hasta ahora no estaban en el juego de la constitución de los reyes, y ahora serán ellos quienes previamente a la unción del rey, determinarán si un candidato es o no digno, y por tanto en sus manos estará en gran medida constituir a los reyes. Un siglo después de este gran acontecimiento protagonizado por el papa Zacarías y el nuevo rey de los francos, se establece la costumbre de que el emperador debe ser ungido por el Papa y se justifica esta intervención afirmando que tiene un poder universal sólo comparable al del Papa en el orden espiritual. Así el Papa podrá determinar en buena medida quién será digno de convertirse en emperador e incluso éste deberá pasar por un riguroso examen por parte del Papa. En este aspecto se podrá decir que en manos del obispo de Roma está también el imperio; aunque como contrapartida el emperador podrá intervenir en la elección del Papa; la situación, por tanto, se complica.

Los papas pasan factura

El papa Zacarías y su sucesor Esteban II pidieron ayuda al nuevo rey de los francos, ya que Pipino gracias al papado se había convertido en rey. Podríamos decir en expresión vulgar que "los papas pasaron factura a los francos". Querían que el nuevo rey franco invadiera Italia, subyugara a los longobardos y concediera al Papa una zona de soberanía a su alrededor, al menos de Roma. Todas estas peticiones, actuaciones y episodios, serán ratificados por un pacto de alianza entre ambas partes, cuyas contrapartidas será muy interesante observar al estudiar el concepto de la Europa primitiva. El itinerario para firmar el citado pacto de alianza fue muy largo y lleno de suspicacias. Esteban II en el año 752 sólo consigue buenas palabras en el momento de determinar la ayuda que los francos debían dar al Papa. Pero los ejércitos de los francos no pasaban los Alpes. Esteban II vuelve a suplicar auxilio con una carta en la que le dice textualmente al rey que si le ayuda él, el Papa, le ayudará en el día del juicio final ante Dios. Pero a pesar de las reiteradas promesas de ayuda, y pese a haber viajado el mismo Papa en el año 754 a Francia con encuentros con el rey en Ponthion y en Quiercy, y a pesar del posible juramento de fidelidad feudal que ambos se hicieron, la invasión franca en Italia no fue una realidad hasta la segunda campaña del rey franco contra Pavía, capital de los longobardos (a. 756). Pipino el Breve en esta invasión afirma que él no lucha a favor de Oriente (de Bizancio) sino por san Pedro: "Así pretendo borrar mis pecados, dice. Y el pacto de alianza al final se firmó tras el éxito del rey franco contra los longobardos". Así, desde el año 756, el Papa podrá considerarse rey y soberano, y tendrá jurisdicción y dominio sobre unos territorios cuyos límites todavía no se determinaron en el centro de Italia. Nacen en este pacto los que después se denominarán Estados Pontificios, y se hace firme la alianza entre Roma y el reino franco.

La estructuración territorial de la Iglesia prepara la constitución eclesiástica de Europa

La iglesia latina (a pesar de sus defectos) conservaba como hemos dicho las esencias de la romanidad: la cultura romana, con las peculiares notas de unidad y universalidad. Obviamente, las misiones de Inglaterra y las promovidas por san Bonifacio pusieron en práctica la unidad hacia el Papa y un gran deseo de universalidad de las iglesias que todavía pervivían en medio de tantas invasiones y derrotas. Estas iglesias locales iniciaron un proceso de vinculación alrededor del Papa gracias al nuevo modelo de estructuración promovido por el propio Papa y sus emisarios: san Agustín de Canterbury, san Wilibrord y san Bonifacio. ·

Desde la cabeza de la Iglesia se deseaba salvar los valores de la romanidad, o sea la unidad y la universalidad, sin olvidar la cultura, el derecho y la lengua romanas. Todo esto hacía augurar el nacimiento de un nuevo período histórico e incluso de una nueva sociedad que se denominará Europa. Primero desde Inglaterra; una vez ésta fue cristianizada, con el apoyo del Papa se irradiará la evangelización a las zonas paganas de los frisones y después, gracias al anglosajón Bonifacio, este importante movimiento eclesial se extenderá a Germania y gran parte del reino de los francos: Austrasia y Neustrasia. En este interesante proceso el signo y bandera será siempre la referencia a Roma y la devoción a la tumba del príncipe de los apóstoles, sepulcro custodiado en la basílica vaticana.

San Agustín de Canterbury y sus sucesores

Sin embargo, hay que hacer especial mención de la gran tarea evangelizadora llevada a buen término por los emisarios romanos, para así poder captar las causas intraeclesiales que hicieron posible que la Iglesia preparara definitivamente el nacimiento de Europa. Fijémonos especialmente en san Agustín de Canterbury y en san Bonifacio.

Ya en el siglo V (a. 432-463) san Patricio evangelizó a los irlandeses y al comienzo del siglo VI, después de la conversión del rey franco Clodoveo, se dio un impulso importante al cristianismo de los pueblos germánicos más o menos dependientes de los francos, es decir alamanes, turingios y frigios. Pero estas misiones son llevadas a cabo con mejor voluntad que eficacia. Sus propulsores eran los denominados misioneros vagabundos, normalmente irlandeses, algunos visigodos e incluso francos que concebían la misión como una simple peregrinación de penitencia por sus propios pecados. Eran los denominados *peregrini pro Christo* sin ningún intento de organización y, por desgracia, a veces con poca formación teológica; algunos hicieron una curiosa simbiosis entre el cristianismo y las religiones paganas.

Muy diferentes fueron las misiones dirigidas por san Agustín de Canterbury (siglo VII) y por san Bonifacio (siglo VIII). Pero cabe señalar que la novedad de estas misiones no reside sólo en la masiva conversión de los pueblos evangelizados sino en un ensayo, primero, y un gran éxito, después, de una nueva fórmula de interrelación entre Roma y las iglesias locales evangelizadas. Fórmula que perdurará hasta nuestros días. Así, Roma supo dar a las iglesias nuevas y a las reestructuradas las características más preeminentes de la antigua romanidad: la unidad y la universalidad. Y hizo posible, al mismo tiempo, que se estructurara una nueva sociedad (Europa) conservando los rasgos fundamentales de las civilizaciones grecorromana y germánicogoda.

Analizamos en qué consistió la novedad que aporta la misión romana de san Agustín de Canterbury. La Iglesia en la edad antigua estaba organizada geográficamente de forma similar a como lo estaba la administración del imperio. Un códice medieval usado por los reyes carolingios y denominado *Notitia dignitatum* evocaba la división y estructuración diseñada por Diocleciano. Así, el mundo romano estaba dividido en provincias primeras y segundas, y en diócesis. Éstas estaban sometidas militar y administrativamente a las provincias. A la cabeza de cada provincia estaba la ciudad más importante de la zona. También la Iglesia estaba dividida en provincias y cada provincia tenía diócesis: unas doce, recordando el número de apóstoles. Al frente de la provincia estaba el obispo denominado metropolitano, que presidía su provincia y convocaba a los obispos al menos dos veces al año para celebrar todos juntos un sínodo o concilio provincial.

Otra vez, de nuevo se tiene presente a León I

En los escritos de León Magno (a. 440-460) encontramos las expresiones más claras de la mencionada estructuración de la Iglesia (recordemos que desde mayo de 2025 tenemos como Papa a un estadounidense y que él mismo se ha impuesto el nombre de León XIV). Los obispos —afirma el papa León I—, deben someterse al metropolitano, al obispo que preside la provincia; pero por encima de los metropolitanos están los patriarcas; o sea, quienes *in maioribus urbibus constituti sunt*. Pero todos ellos —continúa León I— deben estar sometidos a la sede de Pedro (*ad unam Petri sedem*). Los respectivos poderes de estos obispos quedan claramente definidos al proclamar León Magno que la "plenipotencia" de los metropolitanos y patriarcas se sustenta en los cánones establecidos por los Santos Padres (*sanctorum patrum canones*) mientras que el primado del Papa es de institución divina (*ex divina institutione*) (Vean León Magno, carta 14, 11, *Patrología latina*, vol 54, col. 676).

Cabe señalar también que hasta el siglo VII todas las iglesias locales (las provincias) con sus metropolitanos y sus sínodos gozaban de amplia autonomía, y el signo más patente de esta independencia era que el jefe de la provincia no era confirmado de manera ordinaria por una autoridad superior (el Papa). Tampoco recibía del papa el poder específico de ordenar a los obispos de la provincia, y por supuesto el Papa no los elegía. Sin embargo, en el siglo V —y especialmente en el siglo VI— los metropolitas comienzan a ser confirmados por el Papa.

Novedades en tiempos de san Gregorio I

La gran novedad de la misión inglesa, y en concreto del privilegio papal de Gregorio I llamado *Cum certum sit* del año 601 y dirigido a san Agustín de Canterbury, es lo que dice el texto de esta carta: el Papa concede la creación de una nueva Iglesia (de los ingleses) con dos provincias: York y Canterbury (Londres). También otorga a san Agustín, según afirma el *Cum certum sit*, el poder de ordenar a los obispos de la provincia y las demás prerrogativas de los metropolitanos (presidencia de sínodos, la insígnia llamada palio, etc...). Puede deducirse del texto de este privilegio que el Papa intenta estar presente en el mismo núcleo de la estructuración de la Iglesia nueva de los ingleses. Se asegura, pues, el principio de unidad en la nueva vinculación con Roma, y al mismo tiempo se pone en práctica el principio de la universalidad al ser el Papa junto con su emisario el gran protagonista de la expansión de la Iglesia.

En un principio, en el siglo VII se introduce esta nueva fórmula de vinculación a Inglaterra, pero en el siglo VIII, gracias a san Wilibrordo y a san Bonifacio, el ejemplo de Inglaterra se extiende al continente. Pero es necesario matizar: al principio era una costumbre según la cual los metropolitanos pedían su confirmación al Papa y solicitaban el poder de ordenar a los obispos de sus provincias; pero esta costumbre paulatinamente se convertirá en un postulado romano y posteriormente la costumbre se impondrá; es decir, será obligatorio que todos los metropolitanos de la iglesia latina, antes de ser considerados como tales, consigan la confirmación papal con el poder de ordenar, presidir sínodos, etc...; poderes y derechos todos ellos otorgados benignamente por el obispo de Roma, previo examen riguroso, un juramento de fidelidad e incluso una donación de dinero.

El proceso lento pero seguro de san Bonifacio en la iglesia de los germánicos y francos

El proceso es lento pero seguro. Se puede constatar una fuerte cadena iniciada por san Agustín de Canterbury (a. 601) y sus sucesores inmediatos: Justo (a. 624) y Paulino de York; así como Honorio de Canterbury (a. 634), Lorenzo, Melitón, Adeodato, Wilfredo de York y Teodoro. Todos ellos (arzobispos de York o de Canterbury) recibieron de los papas sendos privilegios que continuaban la peculiar vinculación romana iniciada por san Agustín de Canterbury.

Idénticos privilegios a los de san Agustín y de sus sucesores recibieron los misioneros san Vilibrordo y san Bonifacio. Analizamos en qué consistió la vinculación de san Bonifacio con el papado y cómo se estructuraron las iglesias evangelizadas por él.

Bonifacio fue monje de Inglaterra y allí pudo comprobar el éxito de la nueva estructuración de la iglesia inglesa, así como la importancia que tenía la peculiar vinculación entre Roma y las iglesias de la isla. Ya tenía unos cuarenta años cuando se hizo misionero en el continente, de donde procedía su familia. Primero ayuda a san Vilibrordo, pero después acudió a Roma para recibir instrucciones del papa Gregorio II, ya que estaba convencido de que la eficacia de una misión consistía en la vinculación con el vicario de san Pedro. En el viaje a la ciudad papal del año 719, Bonifacio y Gregorio II estudiaron un gran programa de evangelización que era calcado al que san Agustín de Canterbury y Gregorio I habían puesto en práctica en la Inglaterra del año 601.

En el segundo viaje de Bonifacio a Roma (30 de noviembre del 722) el misionero es ordenado obispo por el propio Papa: *obispo totius Germaniae*. En esta ocasión, ultra recibir el sacramento episcopal, Bonifacio jura fidelidad al Papa. Estos hechos son de gran importancia por la evolución posterior de las iglesias locales. La singularidad está en que sea el Papa quien le ordene y quien lo haga obispo *totius Germaniae*.

El éxito misionero en las regiones de Hessen y Turingia (a. 723-732) fue muy grande. El Papa ve conveniente otorgar a san Bonifacio nuevas distinciones y potestades. Así le envía un importante privilegio en cual le nombra arzobispo y le da la potestad de ordenar obispos *ex vigore* de la Santa Sede apostólica. Cabe observar que este privilegio (o carta) papal, fundamentalmente coincide con lo que ciento treinta años antes Gregorio Magno concedía a san Agustín. Las expresiones son aquí más contundentes: estos poderes (entre ellos el de ordenar obispos) provienen del Papa; Gregorio III es el que actúa como si san Pedro estuviera presente (*ex auctoritate Petri apostoli*); el vigor de la Santa Sede penetra en las iglesias locales evangelizadas por san Bonifacio, etc...

Por tanto, en este privilegio papal se remarca que la vinculación en la estructuración de las nuevas diócesis seguirá el modelo romanoinglés. Sin embargo, el Papa no concede a san Bonifacio un arzobispado concreto; sino que sigue siendo obispo, ahora arzobispo *Gentis Germaniae*.

San Bonifacio empezó a organizar la red de los obispados poniendo al frente a sus hombres de confianza. Sin embargo, era conveniente ir a Roma personalmente (el tercer viaje). Allí permanece en compañía de Willibaldo un año entero (a. 738) consultando al Papa cómo había que reorganizar las iglesias de Germania. De común acuerdo, se establece que Bonifacio, además de las anteriores concesiones (palio, poder de ordenar obispos, título de arzobispo...) será su legado y le encomienda además de Turingia y Hessen, la Baviera en la que ya la Iglesia estaba bastante organizada según el modelo autóctono franco. El Papa manda que el nuevo legado convoque al menos dos sínodos anuales y así lo comunica a los obispos de Baviera. En ese momento la figura de san Bonifacio llega a su punto más álgido.

Sínodos sometidos al Papa

A continuación, volviendo de Roma, san Bonifacio empezó a reorganizar la iglesia de Baviera. Convocó un sínodo en un lugar desconocido y con la ayuda del duque Odilón limpió la iglesia de Baviera de los "maestros del error", poniendo a hombres de su máxima confianza. Así, consagró al anglosajón Juan como nuevo obispo de Salzburgo. También puso sendos obispos en Ratisbona, Frisinga y Passau. En el 741 fundó los obispados (bonifacianos) de Wurzburgo, Büraburg y Érfurt, y en la Baviera septentrional el obispado de Eichstätt, donde puso a su discípulo Willibaldo como obispo de aquella zona y en el monasterio.

En 742 se celebró el primer sínodo germánico tal y como le había preceptuado el papa Gregorio III. Fue presidido por el rey y el propio san Bonifacio. A él asistieron algunos obispos de Austrasia. Un año después se celebra un segundo concilio de Austrasia que fue mixto (obispos y laicos) en Les Estinnes. Estos concilios o sínodos tenían un carácter civil y eclesiástico, por lo que los decretos o cánones eran válidos para todo el reino, pero en ellos se impuso la reforma según el modelo romano.

En 741 murió Gregorio III, gran protector de la obra de san Bonifacio, y fue elegido papa Zacarías, a quien Bonifacio dirigió fervientes palabras: « ... yo seré para ti un siervo fiel y devoto. Nunca dejaré que mis siervos no sean fieles a la Iglesia romana».

Los sucesores de Carlos Martel, Pipino el Breve y Carlomagno, que recibieron de su padre los reinos de Australia y Neustria, manifestaron en un principio una gran devoción a san Bonifacio y le dieron su apoyo.

*   *   *

La situación de la Iglesia de Francia en el último período merovingio era de gran decadencia. La vida eclesial no poseía los organismos vivos repletos de iniciativas como lo fueron aquellos sínodos y concilios de la iglesia merovíngia primitiva; ya no se celebraban desde el siglo VI. Algunas sedes episcopales estaban vacantes, otras estaban en manos de laicos o de clérigos de costumbres impropias por su estado. Agravaba la situación el gran número de sacerdotes escoceses y bretones, venidos de las islas, que vagaban de diócesis en diócesis escapando de cualquier control disciplinar de las autoridades eclesiásticas legítimas constituidas en Francia. A pesar de estas expresiones y juicios que encontramos en el rico epistolario de san Bonifacio, cabe advertir que la Iglesia franca no era una zona de misiones. Estaba bastante organizada. Las expresiones anteriores deben entenderse dentro del contexto que les quiere dar san Bonifacio: es necesario justificar una gran iniciativa. O sea, por mandamiento papal, Bonifacio intervendrá en el mismo núcleo de la vida eclesial franca, es decir, en la reorganización de la iglesia mediante la convocatoria de sínodos. Había que justificar esta intromisión: por eso, el marco de la situación casi catastrófica de la iglesia franca justificaría la actuación del legado papal. Hasta ahora san Bonifacio y anteriormente los demás misioneros enviados (o autorizados) por el Papa, se dedicaron a evangelizar primero a las gentes paganas, y después —siguiendo el modelo propuesto por el Papa— intentaron organizar las nuevas iglesias. Ahora no es así: el legado papal quiere reestructurar la vieja Iglesia franca según el modelo propuesto también por el Papa. Esta actuación será beneficiosa para la propia Iglesia franca, pero irá enterrando su real autonomía: los primeros colaboradores de este plan bonifaciano serían los mayordomos de palacio (Pipino); sin embargo serán tantas las dificultades que encontrará san Bonifacio —especialmente al querer poner hombres de su confianza en las sedes de la Iglesia franca—, que se verá obligado a retirarse de nuevo a las tierras de misión; le faltará incluso el apoyo del nuevo rey de Francia, Pipino el Breve. Fue, pues, el primer intento fallido de poner en práctica el programa centralizador papal, pero no cabe duda de que allanaba el camino para que las iglesias occidentales se sintieran universales y fuertemente vinculadas a Roma. Dicho de otro modo, las iglesias latinas se preparaban así para integrarse en la nueva sociedad y civilización, ya muy cercana: la Europa medieval.

San Bonifacio, uno de los pilares más notables de Europa

L'año 747, después de la abdicación del rey, Bonifacio pierde su gran protector. La reforma, tal y como fue planeada por el papa Gregorio III y Bonifacio, será aparcada. Pipino el Breve pone toda su confianza en un nuevo personaje: Crodegango. Éste sustituirá a Bonifacio en la función supraepiscopal de la reforma. El favorito real era el obispo de Metz y Pipino el Breve pidió al papa Esteban II que le nombrara arzobispo para así poder ordenar obispos por todo el territorio francés y presidir sínodos nacionales *ex auctoritate apostolica*. Bonifacio, a pesar de estos contratiempos, reaccionó como un auténtico santo. Dejó encomendada su diócesis (a. 753) a su discípulo Llull, a quien ordenó obispo de aquel obispado, y él volvió a las misiones. En un principio, quería ir a la tierra de sus antepasados, los sajones, pero por circunstancias diversas, tenía ya 80 años, se estableció en Utrecht entre los frisones (el primer territorio que había misionado cuando ayudó a su maestro san Vilibrordo en el año 720).

La última página de su biografía es sublime: el martirio. San Bonifacio se traslada a la zona del Rin con sus discípulos para evangelizar los territorios todavía paganos. En uno de estos viajes apostólicos fue martirizado. Era la octava de Pentecostés del año 755. Muchos neófitos estaban alrededor del gran misionero, preparándose para recibir la confirmación, cuando una turba de fanáticos paganos asaltó el campamento donde estaba el santo (cerca de Dokkum). Lo asesinaron junto a cincuenta compañeros suyos. Su cadáver fue recuperado gracias a una expedición de represalia de los francos y fue enterrado, según el deseo del santo, en Fulda. Y se produjo un gran milagro: los nobles y obispos francos cambiaron de actitud hacia él y su reforma. Sus palabras y su espíritu arraigaron a continuación en todos los concilios que se celebraron en Francia después de su martirio. La reforma y devoción al Papa van abriéndose paso. Con el gran misionero se consolida la alianza entre la iglesia romana y las francas y germánicas. Así Bonifacio es uno de los más notables pilares de Europa, un hito necesario de referencia en la construcción de una nueva realidad: la Edad Media y la civilización y cultura europeas. Y por encima de todo, un gran Santo.

Las dos esferas (*"regnum"* y *"sacerdotium"*) se confunden

Podemos decir que después de san Bonifacio, la iglesia en el orden interno estaba ya preparada para el nacimiento de Europa. La mayoría de iglesias locales estaban fuertemente vinculadas a Roma y existía una auténtica conciencia, ante los espectaculares logros de las misiones, de que la Iglesia era universal. Así pues, se daban en ella los elementos fundamentales de la civilización: cultura, unidad y universalidad. Precisamente a finales del siglo VIII se produjo una auténtica simbiosis entre la Iglesia y el reino franco. Más aún, las dos esferas, el *regnum* y el *sacerdotium* se confundían en gran parte y se daba una verdadera teocracia ya en los primeros años del reinado de Carlomagno. Buena prueba de ello es el hecho de que en este período no se sabe muy bien quién constituye y aun crea nuevas sedes metropolitanas, así como es patente la comprobación de que los sínodos mixtos son una práctica corriente en todo el amplísimo reino franco y en los territorios más o menos asociados a él.

Francisco de Herrera el Mozo, San León Magno, c. 1650. Museo del Prado

VII

NACE EUROPA

Últimos episodios hacia el nacimiento de Europa. El papa León III

Nos encontramos en el último episodio del proceso de la alianza entre el papado y el reino franco. Y en este preciso marco histórico aparece una nueva realidad, un nuevo concepto altamente creador, un hito histórico decisivo: el imperio franco-romano de Carlomagno. En él se sintetiza el origen de una nueva sociedad. En otras palabras, creemos que no es atrevido decir que **la Nochebuena del año 800, en la basílica vaticana de Roma, en el altar del sepulcro de san Pedro, nace Europa.**

Sería muy conveniente, en esta última parte de nuestro estudio, exponer el concepto de imperio, sus contenidos y sus efectos, pero por razones obvias no se nos permite extendernos como sería nuestro deseo, un tema de tanta trascendencia. Sin embargo, sí intentaremos hacer unas breves reflexiones sobre el significado del imperio de Carlomagno, señalando los rasgos fundamentales de su evolución y la proyección que tuvo hacia la neonata sociedad europea. Ante todo recordaremos los hechos históricos.

Tras la alianza entre el papa Esteban II y Pipino el Breve, el sucesor de éste, Carlomagno, en sucesivos viajes a Roma ratificó los pactos de ayuda y soberanía en los Estados Pontificios. Son evidentes las relaciones entre Roma y el rey franco en el momento de la elección del sucesor del papa Adriano I. El 27 de diciembre del 796 fue elegido papa León III —recordemos el papa actual León XIV—. Como decimos, León III sería junto a Carlomagno el gran protagonista de la coronación del emperador.

León III fue elegido sucesor de Adriano I el 27 de diciembre del 796. A continuación, el nuevo Papa envió al rey (*patricius romanorum*) no sólo el decreto de la elección, sino también las llaves de la *Confessio Sancti Petri* y el *vexillum* de la ciudad de Roma. En la misiva, el Papa le decía a Carlomagno que, por medio de un representante suyo, recibiría el juramento de obediencia y fidelidad de los romanos. La respuesta de Carlomagno a León III contenía algunas tesis de los principios sobre las funciones de las dos potestades, mostrando hasta qué punto se consolidaba la alianza. Sin embargo el peso iba a favor del rey, a quien en el año 794 Paulino de Aquilea calificaba panegíricamente de *rex et sacerdos*. Las frases, muy citadas, dicen: «Nos corresponde, con ayuda de Dios, defender la Santa Iglesia de Cristo mediante las armas contra los ataques paganos y las devastaciones de los infieles, y afianzarla en el interior por el conocimiento de la fe verdadera. Vuestra misión, Padre Santo, es levantar como Moisés los brazos en la oración y ayudar así a nuestro ejército a fin de que, por su intercesión, bajo la providencia y seguridad de Dios, el pueblo cristiano logre siempre la victoria sobre todos los enemigos de su santo nombre y en nombre de nuestro Señor Jesucristo sea glorificado en todo el mundo».

El papa León III no pertenecía a la nobleza romana. Por tanto, ya en los primeros meses de su pontificado sufrió fuertes desacatos por parte de este estamento. Los jefes de la oposición fueron el *primicerius* Pasqual y el *sacellarius* Cámpulo, ambos parientes del difunto Adriano I. La revolución estalló el 25 de abril de 799. Se celebraba la procesión de las letanías. En el camino del Laterano al Vaticano, precisamente en la estación de San Lorenzo in Lucina, frente al monasterio de San Silvestre *in Capite*, el papa León, que presidía la procesión yendo sobre un caballo ricamente engalanado, fue atacado, maltratado y privado de los ornamentos pontificales. Posiblemente los asaltantes intentaron que León III fuera depuesto de su rango papal en el altar de san Silvestre, para así poder elegir a un nuevo Papa. Se le condenó a ser cegado y que se le cortara la lengua (sic). Sin embargo, esa macabra sentencia no se llegó a ejecutar. La noche del 26 de abril León III fue encarcelado en el monasterio de San Erasmo, junto al Letrano. Los conjurados lo habían determinado así, puesto que era la pena normal en los grandes dignatarios eclesiásticos depuestos. Hay que observar que san Silvestre y san Erasmo eran enclaves de las colonias griegas en Roma, y por tanto la conjura bien puede creerse que venía del bando griego, contrario a la política de acercamiento del Papa hacia los francos.

El Papa, ayudado por sus partidarios, logró evadirse de la cárcel, huyendo hacia San Pedro, y al enterarse del *missus regio*, el abad Wirundo de Stablo Malmédy, que estaba cerca de Roma, corrió a auxiliarle, llevándole a un lugar seguro de Spoleto.

El rey franco Carlomagno tuvo noticia de la situación de revuelta en Roma, y determinó que el Papa fuera a Paderbon, donde lo recibió a finales de julio de 799. La recepción fue muy cordial y todo presagiaba que la ayuda de Carlomagno sería favorable al Papa. Pero he aquí que los enemigos del Papa se presentaron ante Carlomagno, indicándole que León III había sido legítimamente depuesto por horribles crímenes, entre ellos el *adulterium* y el *periurium*. El rey no quiso hacer caso de la deposición, y por tanto consideraba a León III el verdadero Papa, pero sí escuchó con mucha atención las incriminaciones presentadas por los acusadores de León III. Era una buena oportunidad para demostrar que el rey de los francos podía juzgar a la máxima autoridad de la Iglesia.

Ya estaba todo calculado y preparado:
Carlomagno llega a Roma

Carlomagno despidió a León III, manifestándole que, de momento, sería de nuevo reconocido Papa en Roma hasta que él (Carlomagno) personalmente se dirigiera a Italia. Fue un reconocimiento interino, hasta el viaje de Carlomagno y hasta que el sínodo se celebrase para juzgar al Papa. Acompañaron al Papa a Roma el primer cura, Hildebaldo de Colonia y Arno de Salzburgo. Una vez establecido interinamente León III en la sede romana, los acusadores (Pasqual y Cámpulo) fueron exiliados, ya que no presentaron las pruebas suficientes de la acusación y se demostró que actuaron con violencia en el atentado de abril contra el Papa. Sorprende la lentitud de Carlomagno. Esperó todo un año. En noviembre de 800, Carlomagno se determina a solucionar, viajando a Roma, la cuestión romana. El día 15 de este mes, Carlomagno ya se encontraba en Rávena y el 23 de noviembre del mismo año en Mentana, a doce millas de Roma. El Papa fue a recibirle, ofreciéndole un banquete a él y a toda su numerosa comitiva.

La entrada en Roma fue solemnísima. Se siguió un ceremonial similar al que se usaba en la entrada de un gran general o *"imperator"* (un gran *"caput"* romano) cuando se acercaba a Roma para ser proclamado emperador. Dicen los anales romanos que los emperadores romanos electos, después de haber obtenido contundentes victorias militares en las provincias, eran recibidos por los representantes del pueblo romano, que iban a buscarlos a 12 millas de Roma, y el pueblo los aclamaba a lo largo de todo el trayecto hasta llegar a las murallas de la ciudad. De forma similar, el papa León III y Carlomagno presidieron una especie de procesión. Estaban representadas todas las corporaciones romanas. Las *scholae* entonaron entusiastas cánticos de alabanza al rey francés. Carlomagno saludaba cariñosamente a la multitud. Al llegar a Roma encontraron toda la ciudad adornada.

Carlomagno se dio cuenta de que aquella acogida era diferente a las anteriores. Roma y el Papa querían demostrar que recibían al rey franco como a un nuevo emperador romano. Se preparaba un gran evento al que no eran ajenos Carlomagno ni los miembros de su comitiva. Sin embargo, había un asunto pendiente, muy escabroso por cierto: el juicio contra el Papa. El propio Carlomagno convocó un concilio parecido a los sínodos francos, en los que participaban tanto los laicos (los magnates del reino) como los obispos. También fueron invitados el Papa, la curia papal y el senado romano. El concilio celebró las sesiones plenarias en las vísperas de Navidad en San Pedro del Vaticano, presididas por el rey. Ya en la preparación del sínodo se constató que los miembros estaban divididos: unos querían que el Papa se justificara de las acusaciones (adulterio y perjurio), y otros, en cambio, consideraban que el Papa, máxima autoridad moral, no podía ser juzgado ni por un concilio, ya que así lo decía el principio canónico de principios del siglo VI: *prima sedes a nemine iudicatur*. Sin embargo, el papa León III se presentó al concilio y, siguiendo el ejemplo de algunos de sus antecesores, se justificó de las acusaciones y en la sesión plenaria del 23 de diciembre juró que era inocente colocando sobre su cabeza los evangelios como testigos de lo que afirmaba.

Al finalizar la sesión conciliar, dicen los anales de Lorsch, todos los padres conciliares pidieron a Carlomagno que aceptara la dignidad imperial, ya que ésta estaba vacante, pues no era válido que una mujer obtuviera tal dignidad. Irene era la emperatriz de Bizancio. Ultra esta razón se decía que en la práctica ya era emperador, porque era dueño de las sedes de Roma, Milán, Rávena, Tréveris, Arlés y Maguncia. También recibió el mismo día 23 de diciembre las llaves de Jerusalén y del Santo Sepulcro, enviadas por el patriarca de aquel lugar, signo claro del dominio nominal sobre el lugar más importante del mundo cristiano. Se ha discutido mucho sobre la autenticidad de estos anales de Lorsch, pero bien se puede afirmar que algo se preparaba en ese mes de diciembre del 800 en Roma.

EN LA MADRUGADA DE NAVIDAD DEL AÑO 800 NACE EUROPA CON LA CORONACIÓN DE CARLOMAGNO EN ROMA

En la madrugada del día de Navidad, en la tercera misa que celebraba el Papa en la basílica de San Pedro, después de la oración o colecta de la misma misa, se iniciaban las laudes. Se encontraba presente el rey (Carlomagno) y todos los magnates de Francia y de Roma. Acto seguido el Papa tomó una corona preparada *ad hoc* y la impuso en la cabeza de Carlomagno. Los asistentes aclamaron por tres veces: ***Carolo Augusto, a Deo coronato, magno et pacifico imperatore Romanorum, vita et victoria.*** Así fue constituido y proclamado emperador. Una vez proclamado emperador, el Papa y todos los asistentes se prostraron y adoraron (*proskrynesis*) al nuevo emperador. Ésta fue la primera y última vez que un Papa se postraba ante el emperador. ¡Bien se merecía el nacimiento de Europa el reconocimiento profundo del papa! Pero lo consideramos exagerado

Algunas crónicas de la época afirman que Carlomagno había sentido tal repugnancia ante tales vítores, que pese a la festividad no hubiera entrado en la basílica del Vaticano en caso de haber previsto las intenciones del Papa. Sin embargo, hay que decir que hoy podemos estar seguros, tras las investigaciones que recientemente se han realizado, que Carlomagno era consciente, al igual que los que asistían a la ceremonia, del significado de la coronación: al menos el imperio para ellos era coronamiento de tantas actuaciones victoriosas y el estímulo para convertirse en el primer defensor de la Iglesia. Como se ve, no se trata de una traslación del imperio de Oriente a Occidente, ni mucho menos de una restauración del imperio romano, era una institución nueva, el vértice de toda una evolución: era Europa.

La realidad del imperio y de la misma Europa

El imperio no era, como afirman algunos historiadores, una idea poética inventada por los nostálgicos amantes de la época medieval sin incidencia real alguna en la sociedad. Existía ciertamente una *auctoritas imperandi* que provenía del hecho de ser coronado emperador un rey. Así lo entendían los romanos contemporáneos de Carlomagno, al que entregaron la corona imperial. Pero también los propios francos eran conscientes de que en la nueva dignidad imperial se resumía el poderío amplísimo y muy eficaz de su rey. Para ellos era muy conveniente y casi de justicia que Carlomagno recibiera la corona imperial, aunque no lo dijeran con estas palabras. Gracias a Carlomagno los francos habían alcanzado la máxima cumbre política y religiosa que pudieron imaginarse. Recordemos los reinos que conquistó Carlomagno, las victoriosas campañas militares que eficazmente llevó a cabo y las legislaciones que impuso a todos los pueblos conocidos, los cuales no sólo admiraron el poder del rey de los francos sino que quisieron vincularse a ellos de diferentes maneras. El rey de Escocia, por ejemplo, admite una cierta sumisión declarándose *homo Caroli regis francorum*. El propio califa de Bagdad le envió obsequios y un impreciso homenaje. El patriarca de Jerusalén le entregó las llaves (signo de poder) de la ciudad de Jerusalén y de la basílica más venerada de la cristiandad: el Santo Sepulcro. Bizancio quiere establecer relaciones y pactos efectivos con el rey de los francos enviándole muchos legados que tienen ese encargo. Todo el mundo acepta con agrado o a disgusto la superioridad de Carlomagno.

También en el aspecto estrictamente religioso o interno de la Iglesia, Carlomagno fomenta y lleva a cabo, como si fuera el gran promotor, la expansión del cristianismo en tierras de misiones, y la reforma y la estructuración muy personal de las iglesias. He aquí el elenco de las realizaciones eclesiales llevadas a cabo por Carlomagno en la vida interna de la Iglesia, en la amplia zona donde él era soberano. Su simple enunciado es ya significativo: Carlomagno crea 21 sedes metropolitanas, cuando antes de él en el territorio franco sólo existían seis. En el territorio germánico crea las sedes metropolitanas de Maguncia, Tréveris y Colonia. En todas estas sedes episcopales impone obispos sufraganios que se sometían a sus metropolitanos, y que asistían periódicamente a los sínodos provinciales o nacionales. Estos concilios eran frecuentemente mixtos: a ellos asistían tanto los obispos como los magnates civiles del reino franco. Se trataban indistintamente asuntos políticos y religiosos, y muy frecuentemente eran presididos por el propio Carlomagno personalmente. En cuanto a la elección de los nuevos obispos y metropolitanos, Carlomagno intervenía indirectamente, ya fuese favoreciendo a algún candidato suyo o reconociéndole como obispo en la convocatoria de los sínodos. Sin embargo, él intervenía directamente en la estructuración y creación de las diócesis. En el año 780 ya empezó a reorganizar las provincias de cuyos reinos era soberano. Le ayudan Wilchar de Sens, que tras la muerte de Crodegango de Metz fue el único arzobispo del reino franco. Gracias a Carlomagno se constituyeron como metropolitanos Tilpin de Reims, Possesor de Tarantasia, Weomardo de Tréveris y Lulo de Maguncia.

La teocracia, muy diferente de la democracia

Obviamente la estructura de Europa está marcada por los rasgos fundamentales que hemos expuesto sobre el concepto de imperio en la época de Carlomagno. Uno de los aspectos más importantes del contenido del imperio es la teocracia. Se ha discutido mucho sobre si en la época de Carlomagno había teocracia real (supremacía del emperador sobre el papado) o hierocracia (supremacía del Papa sobre el imperio). Sin embargo, podemos sintetizar como lo hace nuestro maestro y profesor de la Gregoriana el Dr. F. Kemps, después de examinar todas aquellas numerosas teorías sobre la teocracia medieval: "En los siglos VII-XIX el concepto de Iglesia universal o república cristiana tiene dos funciones: *regnum* y *sacerdotium*. Ambas tienen la misma finalidad política y religiosa. La distinción entre estas dos funciones es confusa, precisamente porque tienen la misma finalidad. Escolásticamente diríamos que se da una única sociedad que es la *republica christiana*, la

Iglesia Universal, con dos poderes: sacerdotal y político (como medios hacia una única finalidad) que sólo se distinguen mediante la razón. Se consideraba que existía un único fin (político-religioso) que era el *bonum rei publicae* llamado también *bonum ecclesiae universalis*. En cambio, en tiempos de Gregorio VII hasta Bonifacio VIII, la iglesia tiene dos poderes diferentes: reino y sacerdocio, que tienen a su vez dos finalidades reales que son diferentes: el bien político temporal y el bien espiritual. Éste último incide en el *bonum* y la *potestas* político-temporal. Es lo que denominarán los dos poderes o las dos espadas. Véase la teoría de Bonifacio VIII en la encíclica *Unam sanctam"* que exponemos en nuestro manual de *Historia de la Iglesia*.

Los primeros siglos de Europa. San Bernardo

Algunos historiadores denominan los siglos IX-XII como el período de la infancia de Europa. Es cierto que el proceso que hemos estudiado continúa después de Carlomagno, ya que Europa era una realidad viva. Obviamente otros factores ayudaron o fueron causas del nacimiento de Europa, pero ninguna es de tanta importancia en nuestra opinión como la coronación imperial en Nochebuena del 800. Fue el símbolo, con sus aciertos y defectos, de los inicios de Europa.

Posteriormente al año 800 nuevos factores históricos consolidaron la institución fundamental europea: el movimiento cultural denominado renacimiento carolingio, los monasterios, los capítulos canonicales, las compilaciones canónicas, el intento de armonizar la fe con la razón (ya iniciado con san Agustín)... Sin embargo, dos factores incidieron en parte negativamente. Nos referimos en primer lugar a la fusión, o mejor dicho confusión de las dos esferas (reino y sacerdocio) que formó, como hemos expuesto, la teocracia, sistema del que se derivaron no pocas adversidades para la pureza del mensaje evangélico. Efectivamente, un mal uso de la teocracia y del feudalismo arrancaron de la Iglesia europea su preciada libertad cuando los obispos, abades e incluso los rectores de las denominadas iglesias propias eran nombrados por los laicos y muchas veces con simonía (o sea, con dinero). Se extendieron por todas partes las investiduras laicas y desgraciadamente los derechos abusivos de una nefasta simonía. La Iglesia perdía así la misión civilizadora de Europa. En este período fue muy conveniente una reforma, una gran reforma que recondujera la iglesia hacia la promoción de los valores originales que edificaron Europa y que empezó gracias a los monasterios. Estos consiguieron la *libertas romana* otorgada por los papas del siglo de hierro a través de los famosos privilegios papales de protección, propiedad y exención, iniciando un importantísimo camino hacia la peculiar cultura europea arraigada en las esencias de la civilización grecorromana y a la tradición de la Iglesia.

La unidad hacia Roma y la fraternidad común de los pueblos europeos

Contemporáneamente, la Reforma gregoriana iniciada en los monasterios, se extendió por toda la geografía dominada por los carolingios o bajo su influencia con una conciencia de lo que hoy llamaríamos "identidades nacionales". Los reinos o zonas nacidos de la lucha contra los sarracenos empezaron a buscar sus características peculiares por las que se pudieran distinguir de sus vecinos para así apoyar su identidad e independencia. Este proceso se realizó evocando la autonomía de las primitivas provincias romanas y de común acuerdo con la estructuración eclesiástica a la que anteriormente nos hemos referido. La Iglesia aquí también jugó un papel decisivo asegurando las pautas básicas de nuestra civilización romano-medieval: la unidad hacia Roma y la fraternidad común de los pueblos europeos. Éste es el deseo ya manifestado por el Papa actual, León XIV, recién iniciado su pontificado romano.

Ya en el siglo XI se dió la famosa Reforma gregoriana, cuyo personaje principal es san Gregorio VII, gracias a la cual la Iglesia reencontró de nuevo la libertad y en gran parte la independencia del poder laico. Los obispos, abades y otros prebendados ya no serán elegidos ni confirmados por un poder ajeno a la Iglesia. Y ésta se convertirá en ama de las diócesis, monasterios e iglesias. Sin embargo, el reencuentro de la libertad traerá anexos un gran poder y riqueza. Tanto es así, que habrá que reconducir de nuevo los anhelos de la Iglesia hacia los valores típicamente evangélicos. Los principales protagonistas de este nuevo cambio serán primero san Bernardo, y después los mendicantes, especialmente san Francisco de Asís y san Domingo de Guzmán. Los mendicantes serán hombres eminentemente encarnados en la nueva sociedad europea en la que vivieron, y al mismo tiempo serán portadores de nuevos ideales más en consonancia con el Evangelio. También aquí el papado es el garante de la unidad y universalidad que intenta alcanzar Europa en su juventud.

Louis-Félix Amiel. Carlomagno, emperador de Occidente (1839). Museo de Historia de Francia

VIII

PASOS POSTERIORES AL NACIMIENTO DE EUROPA

San Bernardo y Europa

Capítulo aparte merecerían los cistercienses con san Bernardo. De él se ha dicho que llena él solo la Europa del siglo XII: su paso fue decisivo para aquella joven sociedad. «Fue el Papa y el emperador no coronado del siglo»; «fue el último de los Santos Padres, pero no inferior a ellos», afirmó Pío XII en su encíclica *Doctor mellificus*.

Una madrugada del año 1112 un grupo de treinta hombres se presentó a las puertas del Císter, la austera abadía fundada por Robert de Molesmes, justo quince años antes en la selva de Borgoña. El jefe del grupo era Bernat de Fontaine. Con él se encontraban sus hermanos, amigos e incluso su tío. Todos ellos fueron convencidos por Bernardo para seguir el camino de una nueva aventura espiritual: vestir la blanca "cogulla" de los monjes del Cister, más austeridad, más oración, alcanzando el máximo ideal del monje. El jefe del grupo era un auténtico líder. Y ya se dibujaban en él los rasgos fundamentales por los que se convertiría en el personaje más relevante de la cristiandad. Europa recibiría de él un impulso definitivo.

Era tan grande el prestigio de aquel joven, que pocos meses después de haber entrado en la abadía ya no podían admitirse más jóvenes que querían ser como Bernardo. Tanto es así que él tuvo que ir a fundar a otra abadía. Apenas había terminado su noviciado. Bernardo, el nuevo abad, tenía 24 años. Y el lugar destinado a esta nueva fundción era un valle salvaje, cerca de Aube, denominado el "Val d'Absinthe" porque en él no crecía más que la planta de la absenta. Bernardo se preocupó personalmente de bautizarla con otro nombre: a partir de ese momento se llamaría "Valle clara", "Claravall".

Su gran proyecto fue consagrar toda su vida espiritual a sus monjes. Pero cuanto más se interiorizaba en el monasterio, más se difundía su mensaje en toda la sociedad. Bernat tuvo el privilegio de ser escuchado por todos, por toda Europa. Su mensaje es extraído del inmenso caudal de la Santa Escritura. «En ella —afirma Bernardo— encuentro al mismo Dios». Y sigue: «el Verbo encarnado nos lleva hacia el camino de la pobreza y de la autenticidad evangélica. Es necesario conseguir la integridad de la fe, conformar nuestra vida a las costumbres de los primeros siglos de la Iglesia apostólica, Ésta es la verdadera reforma». En Bernardo y en sus obras predomina la mística sobre la racionalidad y es realmente maestro de la palabra escrita, una de las cimas del latín cristiano europeo. No es de extrañar que esta personalidad exquisita y tan ardiente ejerciera una auténtica fascinación en su tiempo. El historiador Jean Leclercq afirma que "el gran hombre y santo del Cister es uno de los más famosos logros y éxitos de Dios". A finales de su vida (20 de agosto de 1153) se contabilizan 343 abadías, de las cuales 162 eran filiales de Clavaraval. Pero posiblemente el mayor éxito de Bernardo fue mover las conciencias de una Europa cristiana y unida que se quería proyectar hacia unas campañas concretas como lo fueron las cruzadas, mediante las cuales se intentaron rescatar los lugares sagrados donde murió y resucitó Jesús. A Bernardo se le debe que el hombre de la Europa del siglo XII se sintiera un verdadero «*miles Christi*».

Sus cartas, sus sermones y sus tratados, aunque fueran dirigidos a personas y estamentos concretos, eran difundidos por toda Europa. Todo el mundo se sentía interpelado por Bernardo, y él mismo estaba convencido de que hablaba en nombre de Dios, con quien —y especialmente con Jesucristo crucificado— poseía una estrechísima comunión de identificación. Jesucristo clamaba por la reforma, por la justicia de sus predilectos, por los pobres; siempre clamaba por la autenticidad evangélica... Y Europa también estaba convencida de que Bernardo era el oráculo divino, solicitando siempre su presencia en todos los momentos y situaciones álgidos de la sociedad de su tiempo, tanto civil como eclesiástica. La primera ocasión para intervenir directamente en asuntos seculares se le ofrece en un concilio reunido en Sens, en 1128. A pesar de llegar «con fiebre y sudores» —como dice él mismo— se destacaría por la fuerza de sus intervenciones. Sus palabras serán siempre las últimas y decisivas, las que valen. Desde este hecho, su acción se desarrollará a nivel de toda la cristiandad. Intervendrá en el cisma entre dos papas: Inocencio II y Anacleto II. Hoy en día todavía no se puede averiguar cuál de esos papas era el auténtico; sin embargo, fue suficiente el apoyo de Bernardo para que Inocencio II fuera reconocido por toda Europa.

Se puede afirmar que moralmente el Papa estaba en manos de san Bernardo. Así se demuestra en la siguiente elección. En 1145 los cardenales eligieron a un monje italiano del Císter, discípulo de san Bernardo, que se puso el nombre de Eugenio III. Desde el nombramiento del nuevo Papa, Bernardo se esforzó con todos sus resortes para orientar, formar y dirigir al nuevo Papa. En su obra que escribe para Eugenio III, plasmó la figura de lo que debe ser un verdadero Papa. Le recomienda que por encima de todo debe rendir cuentas de sus actos ante Dios, ya que ineludiblemente el hombre termina: es polvo y al polvo debe volver. Por tanto, el juicio de Dios será más severo para quien ha alcanzado en la tierra la categoría máxima: ser «vicario de Cristo». Precisamente, esta denominación aplicada exclusivamente al Papa, se encuentra por primera vez en la historia literaria en las obras de san Bernardo. Antes (y ahora también) todo cristiano era y es considerado vicario de Cristo, y el Papa es considerado vicario de san Pedro, y por ser cristiano también es "vicario de Cristo".

Bernardo es vehementísimo en todo. Este carácter, si bien fue eficaz para encender toda Europa, provocó en casos concretos desaciertos en el gran santo. Nos referimos a la controversia que tuvo con el teólogo Pedro Abelardo. Éste fue injustamente condenado por hereje al aceptar la escolástica. También el impulso hacia la cruzada promovida por san Bernardo, para la que se reunieron cientos de miles de soldados, fue militarmente un fracaso. Sin embargo, a pesar de algunos desaciertos, san Bernardo bien puede ser considerado como el hombre providencial que puso en práctica el gran proyecto de una Europa unida y cristiana; o si se quiere decir, una auténtica cristiandad.

Occidente depende de Roma, no de Compostela

En 1989 celebrábamos el milenario del nacimiento de Cataluña. Precisamente en el año 989 existe una referencia que hace suponer que el conde de Barcelona, Borrell II, no rindió homenaje al rey Hugo Capeto de Francia. De ahí se quiere deducir que ya a finales del siglo X la Marca Hispánica tenía conciencia de su identidad. Sin embargo, cabe decir que ya en el año 971 hay tres bulas papales de Juan XIII (*Si pastores ovium, Dilectioni et fraternitati, Agnovimus qualiter*) en las que se manifiesta la independencia eclesiástica de la provincia Tarraconense en relación a Francia. Borrell II quiere y pide al Papa el palio para el obispo de Vic Atón, pues Tarragona todavía estaba en manos de los sarracenos. Juan XIII accede a esta súplica. Y el propio emperador Otón I la confirma.

Alrededor del 971 un curioso abad, Cesario de Santa Cecilia de Montserrat, al enterarse posiblemente de que Atón sería nombrado arzobispo por el sucesor de san Pedro, va a Compostela para que el sucesor del apóstol san Jaime, que era denominado "*episcopus mundi*", lo ordene arzobispo de la Tarraconense. Existe un claro antagonismo por parte de Cesareo. Parace que éste quiere ver un antagonismo entre san Pedro y Santiago.

Al volver de Compostela —nos dice el pergamino conservado en el archivo de Vic— Cesareo reunió a los obispos sufraganios de la antigua provincia de Tarragona. Sin embargo éstos no lo aceptan, pues dicen que si bien es cierto que en Compostela está el sepulcro de Santiago (sic), su apostolado no está vivo en España. O sea, que no evangelizó la península. Sólo su cuerpo llegó a Compostela. En cambio —afirman los obispos catalanes—, el apostolado de san Pedro está vivo, ya que se tiene constancia de que predicó en Roma y ahí está también su sepulcro. Ellos, los obispos de la Tarraconense, quieren permanecer bajo el apostolado de Pedro y su sucesor. Posiblemente digan con cierta ironía que las demás iglesias occidentales de la Hispania querrán quedarse bajo la protección de Santiago y de sus sucesores. "¡Nosotros siempre bajo Pedro!".

Oliba, san Oleguer y Europa

El abad y obispo Oliba (9711046) fue uno de los personajes que explicitaron la conciencia de identidad. También los grandes monasterios y no pocos obispos contribuyeron al nacimiento de Cataluña. Pero entre todos nuestros prelados, ninguno supera a nuestro san Oleguer. Cuando se lee algunas de las paginas sublimes de nuestra historia de Cataluña, uno está muy satisfecho, pero el gozo es mucho mayor cuando uno encuentra o descubre a un personaje —como es el caso también de san Oleguer— que simboliza en vida los valores e ideales hacia los que se intuye que debe encaminarse nuestro pueblo. Quedamos boquiabiertos ante el abad y obispo Oliba —del que ya hemos hecho antes mención—. Tanto es así, que algunos historiadores le llaman «padre de la patria». Pero la admiración que nos produce la vida de san Oleguer —debemos confesarlo— es superior. Sin caer en una incorrecta comparación entre estos dos prohombres de Cataluña, en el arzobispo Oleguer se puede hablar de unos hitos mucho más estimulantes. Oleguer apunta hacia dónde debe dirigirse

Cataluña y su Iglesia. Intenta una integración total de Cataluña en Europa, y al mismo tiempo gracias a él se impone la Reforma gregoriana en nuestro país.

Hemos elaborado un diplomatario de san Oleguer. Y de él podemos deducir muchísimos rasgos que nos dibujan la gran figura del santo de Barcelona. Oleguer nació en el año 1060 en esta ciudad. Cuando sólo tenía diez años entró en la canónica (Catedral) de Barcelona, donde recibió una sólida formación. Entre sus maestros cabe mencionar el *Grammaticus Aimerich*. Lo vemos como canónigo de Barcelona hasta el año 1097, cuando pasa a ser prior de otra canónica que seguía la regla de san Agustín. Se convertirá, así, en prior de la canonica regular de Sant Adrià del Besòs. Esta canónica se trasladaría (hacia el año 1113) a Santa Maria de Terrassa. Era agustino como hoy (a. 2025) lo es nuestro papa León XIV, también agustino. Era tan grande el prestigio de Oleguer, que fue elegido abad de San Rufo de Aviñón en la Provenza (1109-1115). Aquí empieza su beneficiosa influencia europea.

Es por todos conocida la gran trascendencia que tuvieron los monasterios de Cluny en la Reforma gregoriana. Los papas reformadores (desde León IX —recordamos de nuevo nuestro León XIV—, hasta el tratado de Worms, en 1122) contaron como grandes colaboradores suyos los sabios y cultos monjes de la congregación cluniacense. Gracias a ellos el mundo monástico de la Iglesia latina alcanzó unas sorprendentes cotas de cultura, de espiritualidad, de unión y fraternidad bajo la tutela del vicario de san Pedro: el papa de Roma. Pero la influencia de San Rufo de Aviñón —que desgraciadamente ha sido poco estudiada— no fue menor a la de Cluny, especialmente en Hispania y la Provenza (o sur de Francia). Y el gran personaje de este movimiento cultural y reformador fue nuestro san Oleguer. Desde San Rufo, el abad barcelonés, ayudado por el papa Pascual II, ejerció su influencia reformadora y cultural sobre más de 24 canónicas. Entre éstas, cabe destacar Santa María de Égara, Santa María de Besalú, Sant Adrià del Besòs —que se unirá a la primera—, Carcasona, Maguelone (Montpellier),

Nimes, Cambrais, Arias, Metz, Tours, Toul, Marbach, Alsacia, Saint Sernin de Tolosa... Toda esta red de colegiatas y canónicas se diseminaron constantemente, llegando —según afirma el historiador Albert Carrier— a contar a finales del siglo XII con más de 350 monasterios rufonianos (colegiatas) sólo en España, sin contar los capítulos de las catedrales afiliados como lo fue el de la canónica de Toulouse, y el de la propia Tarragona y Tortosa. De los canónigos regulares y reformados eran elegidos los obispos. Y gracias a éstas, la reforma gregoriana se impuso en gran parte de la Iglesia del sur de Europa. "Obispo rufoniano" era equivalente a "obispo reformador". Tanto es así, que la gran mayoría de los obispos catalanes del siglo XII son prelados entusiastas del espíritu cultural y reformador que propulsa nuestro san Oleguer desde San Rufo de Aviñón. A él se debe también muy probablemente la autoría del documento fundacional de aquella congregación: *"Liber ordinis"*. Y de él recibe una gran formación un discípulo suyo que será el papa Adriano IV (1154-1159). Éste fue monje de San Rufo de Aviñón cuando san Oleguer era abad.

Sant Oleguer influyó decisivamente en Ramon Berenguer III y en Ramon Berenguer IV. De ambos condes de Barcelona fue el gran consejero, marcando así lo que sería la historia de Cataluña durante el siglo XII. A él se debe la confederación de los condados de Barcelona y de Provenza porque le aconsejó al conde (de 30 años) Ramon Berenguer III —que no había tenido suerte en las dos primeras bodas— para que se uniera en matrimonio con Dolça, heredera de Provença. Con este matrimonio se inició la fraternidad de dos pueblos: el occitano y el catalán. Desde Niza hasta Cahors, desde Carlat y Rodez hasta el río Gaià y las montañas de Montserrat. Tanto es así que el gran poeta Mistral podrá exclamar: «Ciento ans li catalan, cent ans li Provencau / se partegeren l'aiga e lo pan e la sal».

Con este matrimonio, del que san Olegario tuvo mucho que decir, se comienza una gran página en la historia. Cataluña se abre decisivamente a Europa: opta por una nueva línea política. Cataluña, desde ahora, podrá simultanear entre la reconquista con el entendimiento de los países occidentales de la Hispania y la integración —mucho más rica cultural y socialmente— en la Europa meridional que tenía como eje el Ródano. Posiblemente las dos culturas (catalana y occitana) tenían más puntos de contacto y posible integración que la castellana e incluso aragonesa-navarra. Seguro que era un bello sueño de san Oleguer, compartido por Dolça y Ramon Berenguer III, caminar con pasos decisivos hacia una Occitania unida y hermanada con Cataluña. La adquisición de Provenza por la casa condal de Barcelona dio lugar a una serie de relaciones culturales y eclesiales extraordinarias; los propios «Usatges» deben su sinterización a la constante interacción de Cataluña y Provenza.

Pero por encima de todo, lo que más admiramos en Oleguer es su santidad, y el ser un hombre de Iglesia. No quería ser obispo de Barcelona, pero el Papa le obligó. Participó muy activamente en la mayoría de concilios que se convocaron en ese período. Destaca por su apoyo hacia los papas legítimos frente a los antipapas. Oleguer es un hombre pacificador: así se comprueba en multitud de documentos. Quería que reyes, condes, monasterios, clérigos, laicos..., hicieran las paces. Se lo exigía, especialmente cuando se acercaba Navidad o Pascua. Tenemos de él un importante pergamino que nos habla de la ida de los dos hermanos Òdena caballeros de Sabadell a Tierra Santa, y por este motivo empeñaron el famoso castillo de Arrahona. Oleguer (en 1101) intervino frenando las exigencias de quien quería quedarse con el castillo, ya que los dos hermanos no habían vuelto de Tierra Santa. Posiblemente murieron en una cruzada.

Cierto es, pues, que Oleguer dio a Cataluña un gran impulso, abriendo las puertas hacia Europa y la colaboración de los papas reformadores. Nos atrevimos a decir que desde Sant Oleguer, los catalanes nos sentimos plenamente ciudadanos de una casa común: Europa.

IX

CONCLUSIÓN

La Iglesia Católica lleva pocos días de enhorabuena. Se ha iniciado un nuevo pontificado papal; el de León XIV. Esta noticia tan grata para todos nosotros, me evoca tantos y tantos conceptos, episodios, clases, conferencias... en las que durante más de 63 años he expuesto, y siempre sencillamente he ofrecido, mi magisterio de la Historia de la Iglesia. Éste ha sido mi "oficio", o si queréis mi "servicio" en la Iglesia. ¡Qué hermoso! ¡Qué bien me lo he pasado! Espero que lo hayan pasado igual de bien mis alumnos y oyentes. Sin embargo, creo que soy un poquito ingenuo, pero la buena voluntad no ha faltado. Pero es que ahora, de repente, contemplando con entusiasmo el rostro de este nuevo Papa, me han venido a la cabeza de repente todos estos episodios, conferencias, lecciones... y no he podido más que escribirlos en este libro, o mejor dicho he creído conveniente presentar una conferencia inédita que expuse en Roma en el "Foro Europeo". En ella simplemente quiero demostrar que "Europa nació cristiana", y mi deseo es que lo siga siendo, y adivino que también lo desea el nuevo papa León XIV.

En estos días de abril y mayo del 2025, se nos ha hecho notar que Robert Francis Prevost es el primer Papa estadounidense, peruano, misionero, agustino... pero yo creo que posiblemente será el Papa que mejor conecte con las raíces más genuinas de nuestra Europa —que nació cristiana—, porque en definitiva es un fraile agustino (un Padre agustino), un Papa que dice que "el Papa no es un condottiero" solitario ni alguien impuesto simplemente por encima de los demás (homilía del inicio del pontificado el 18 de mayo de 2025). A mí me hace pensar que lo que en definitiva le hizo Papa (ultra el designio de Dios) fueron la mayoría de votos alcanzados en el cónclave. A mí esto me recuerda que los votos son lo que hace abad de un monasterio, el superior general de una orden de los dominicos, franciscanos, jesuitas, e incluso la superiora general de la más pequeña orden femenina. La participación (en estos casos) y la unión entre dichos hermanos y hermanas, se tiene como un elemento muy importante a la hora de escoger a un superior general, así como se tienen como muy importantes y decisivos los votos de los miembros de un concilio ecuménico para que sean aceptadas como definitivas las creencias de nuestra Iglesia. Sin embargo el Papa, aunque no sea un "condottiero" solitario, es y será el máximo "condottiero" de la Iglesia católica, porque así lo ha querido su fundador Jesús: Él tendrá la última palabra. Sin embargo, la palabra normalmente va precedida por la de otros anteriores competentes jerarcas o la del mismo "Pueblo de Dios", Asamblea Santa, Pueblo sacerdotal. Así es importante saber escuchar –el Papa no es un "condottiero" solitario– y también lo será constatar el origen y la evolución de los conceptos y de los personajes pensadores de la Iglesia. Ésta es la atrevida intención del autor de este libreto, así como lo es ahora el intento de presentar la siguiente conclusión de nuestro estudio titulado "Europa nació cristiana. Evocaciones históricas en el inicio del pontificado de León XIV". "*Habemus papam*".

El nacimiento de Europa tuvo como hemos expuesto varias causas. En primer lugar se conservaron los rasgos más importantes de la romanidad, en gran parte gracias a los Santos Padres de Occidente y también internamente gracias a la organización de la misma Iglesia romana, que auna la unidad con la universalidad, pautas éstas de la civilización romana. El imperio romano, a pesar de haber impuesto una única lengua y cultura, no puede considerarse creador de Europa. Fue necesaria la fusión de los pueblos germánico-godos con los nativos romanos para que después de la alianza entre el papado y los francos cristalizara el concepto de Europa. También ayudaron a formar la conciencia de una nueva sociedad (la europea) el impulso y las peculiares características del núcleo que permaneció en Occidente, después de la ruptura este-oeste y la provocada por la expansión del Islam.

El concepto y la realidad de Europa en el siglo IX eran todavía muy débiles; sin embargo ya existían algunos hitos de identificación socio-religiosos y culturales: entre ellos cabe destacar el imperio carolingio y la estructura de unidad de las iglesias locales hacia la Sede del vicario de san Pedro. Los grandes protagonistas de esta vinculación son los misioneros romanos: san Agustín de Canterbury y san Bonifacio.

Es cierto que el imperio carolingio y el otomano no tenían una soberanía sobre los demás reinos cristianos de Occidente; sin embargo, el emperador era el punto de referencia de la unidad de aquellos reinos, y hizo posible siempre con el apoyo del Papa la realización de campañas comunes contra las herejías que amenazaban el *bonum Rei publicae*, así como las cruzadas contra el Islam.

El imperio medieval (europeo) obviamente tenía connotaciones positivas y otras negativas. La teocracia, por ejemplo, trajo no pocas dificultades, especialmente en el ámbito de la custodia y difusión del mensaje evangélico. Y debemos reconocer también que la propia organización, demasiado centralizada, de las iglesias (en relación con Roma) supuso para el mundo eclesial unas desventajas y el progresivo debilitamiento del ejercicio de la colegialidad, así como la ruptura de tradiciones y derechos de las iglesias locales.

Pero los neoeuropeos del siglo IX no podían olvidar que otros pueblos también formaban parte, al menos geográficamente, de Europa. Éste fue el gran acierto de las misiones bizantinoromanas de san Cirilo y san Metodio, gracias a las cuales Europa se abrió hacia los países eslavos. Es de justicia, pues, que el papa san Juan Pablo II haya proclamado a los mencionados Santos Metodio y Cirilo copatrones de Europa.

Otros efectos de dicha conciencia europea fueron las famosas peregrinaciones, especialmente a Compostela, y la estructuración del pensamiento en las relaciones entre la fe y la razón que desembocaron en una verdadera ciencia: la teología medieval enseñada en las universidades. Estos sistemas y vínculos de unidad se truncaron por el movimiento del protestantismo del siglo XVI.

Bueno será que la Iglesia reflexione sobre el nuevo modelo de Europa que afortunadamente está muy cerca de nosotros. Sin embargo, será necesario que la Iglesia también sea generosa, como lo fue en los siglos que hemos expuesto, a ofrecer un servicio que tenga como pautas la unidad interna en la fe y la universalidad, respetando siempre tantas culturas y tantos pueblos, de los Urales hasta el Atlántico, llamados a formar una única y gran casa, porque los "eslavos" también son Europa.

J.Mª Martí Bonet
29 - VI - 2025

BIBLIOGRAFÍA

Carta del Papa Francesc sobre la renovació de l'estudi de la història de l'Església (Roma, Sant Joan Laterà, 21 de noviembre de 2024)

J.M. Martí i Bonet, *Santa Maria del Mar i els seglars* (Barcelona, Bubok, 2025)

— *Els onze enardits seguidors de Jesús. Els religiosos a la llum de la història medieval de l'Església* (Barcelona, Bubok, 2024)

— *La triple embranzida del papa Francesc a l'Església a la llum de la Història de l'Església* (Barcelona, Bubok, 2024)

— *Sinodalidad" ayer y hoy en la Iglesia. "... allanad el camino del Señor"* (Jn. 1, 23) (Barcelona, Bubok, 2023)

— *L'Splendor. Evocacions íntimes de la vida dels cristians dels primers segles (I-IV)* (Barcelona, Bubok 2021)

— *Ecclesia. Història de l'Església en 100 temes.* 2 vols. (Barcelona, Bubok 2021)

— "El palio del buen pastor", *La Vanguardia* (4 diciembre 2016) 50

— *Entre el papado y el sínodo: una evolución decisiva en la historia de la Iglesia* (Barcelona, Bubok 2014)

— *¿Hacia una nueva encarnación del evangelio?* (Barcelona, Bubok 2015)

— *El palio: insígnia de los papas y arzobispos* (Madrid, BAC 2008)

— *Roma y las iglesias particulares en la concesión del palio a los obispos y arzobispos de Occidente. Años 513-1143* (Madrid, Consejo Superior de Investigaciones Científicas 1976)